O SONHO É REAL

A história de sucesso de quem arriscou tudo e venceu

CB018261

EDITORA

Diretor Presidente	Evandro Guedes
Diretor Editorial	Javert Falco
Diretor de Marketing	Jadson Siqueira
Gerente Editorial	Mariana Passos
Gerente de Produto	Fábio Oliveira
Edição	Paula Craveiro
Coordenação de Revisão de Texto	Paula Craveiro
Coordenação de Editoração	Alexandre Rossa
Arte e Produção	Nara Azevedo
Capa	Pedro Menezes
Imagens	Shutterstock; acervo pessoal; acervo AlfaCon

Dados Internacionais de Catalogação na Publicação (CIP)
Jéssica de Oliveira Molinari CRB-8/9852

G957s

Guedes, Evandro

O sonho é real : a história de sucesso de quem arriscou tudo e venceu / Evandro Guedes. -- Cascavel, PR : AlfaCon, 2022.

192 p.

ISBN 978-65-5918-252-7

1. Empreendedorismo 2. Sucesso pessoal 3. Negócios I. Título

21-5675   CDD 658.4012

Índices para catálogo sistemático:
1. Empreendedorismo

 Dúvidas?
Acesse: www.alfaconcursos.com.br/atendimento
Núcleo Editorial:
Rua: Paraná, nº 3193, Centro – Cascavel/PR
CEP: 85810-010

Núcleo Comercial/Centro de Distribuição:
Rua: Dias Leme, nº 489, Mooca – São Paulo/SP
CEP: 03118-040

 SAC: (45) 3037-8888

Data de fechamento 1ª impressão: 02/01/2022

Prefácio

Já na largada, o título do livro *O sonho é real* traz para todos nós uma reflexão sobre como transformar sonhos em ideias e, estas, em realizações. Transformar um sonho, que, antes de mais nada, é um pensamento (uma simples imagem mental) em algo que gere valor para a sociedade, precisa passar por dois estágios profundos: arriscar a empreender e estruturar-se para colocar em prática aquilo que idealizou. Essa é a grande diferença entre as pessoas com ótimas ideias e baixa implementação, e aquelas que ousam torná-las reais, pagando um valor por isso. Esse valor é um misto de aprimoramento de competências, de tempo investido, de coragem e de muito trabalho. Aí está a fórmula do Evandro Guedes!

Eu me identifico com essa alquimia. Às vezes, as pessoas me perguntam: como você conseguiu implantar mais de 1.500 projetos em grandes empresas e treinar mais 300 mil pessoas? Como você consegue tempo para escrever e lançar o seu oitavo livro?

A sorte talvez explique 5% dessa realização. Os outros 95%, faço acontecer. É justamente esta parte que o Evandro Guedes está muito bem descrevendo em seu novo livro *O sonho é real*. Essa é a maior chance que você, leitor, possui de criar o seu legado! São 95% contra 5%.

Por acreditar que um belo sonho pode ser transformado em uma realização ainda mais bela, parabenizo o Evandro pelo seu novo livro e desejo sucesso para as pessoas que tiverem a dedicação de lê-lo integralmente e de aplicar ideias para transformar suas vidas!!!

Roberto Madruga

CEO da consultoria ConQuist, estrategista, escritor, precursor e líder na implantação de *Customer Experience*, *Customer Success* e *Employee Experience*. Uma das maiores referências brasileiras em gerar resultados.
roberto.madruga@conquist.com.br

Sobre o autor

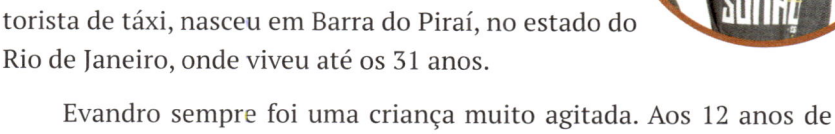

Evandro Guedes é empresário, escritor, professor e palestrante. Filho de uma costureira e um motorista de táxi, nasceu em Barra do Piraí, no estado do Rio de Janeiro, onde viveu até os 31 anos.

Evandro sempre foi uma criança muito agitada. Aos 12 anos de idade, começou a trabalhar e sempre teve o sonho de mudar de vida.

Foi policial militar do estado do Rio de Janeiro por mais de 10 anos e agente penitenciário federal por 8 anos. Mesmo diante de todas as dificuldades, estudou arduamente e passou em 12 concursos públicos de nível federal, dentre os quais: Depen, Polícia Federal e Polícia Rodoviária Federal.

Inquieto, obstinado e com forte espírito empreendedor, em 2009 conquistou de forma irrefutável seu espaço no mundo dos concursos públicos, fundando o **AlfaCon Concursos**, a empresa que se tornaria o maior sistema preparatório para concursos públicos do Brasil, com mais de 2 milhões de alunos na plataforma on-line.

Muito ativo nas redes sociais, em 2011, Evandro lançou o canal *Fábrica de Valores*, com a finalidade inicial de abastecer os concurseiros com informações e valores éticos. Posteriormente, porém, a ideia ganhou corpo e uma responsabilidade muito maior. Hoje, o *Fábrica de Valores* orienta milhares de jovens e adultos hesitantes e perdidos com relação às suas decisões profissionais, pessoais e emocionais.

Por falar o que pensa sem rodeios, atraiu mais de 1,3 milhão de seguidores no Instagram e cerca de 850 mil no YouTube, estendendo essa experiência para treinamentos presenciais por todo o Brasil.

Evandro Guedes é um vencedor! E, agora, ele quer que você também seja um.

Dedico este livro à minha família – Taty, Yas e Dan.

Eles ficaram ao meu lado por intermináveis horas de trabalho e fizeram de mim um homem melhor!

RECURSOS

Se liga no **vídeo**!

App AlfaCon Notes — Neste livro você encontra o **AlfaCon Notes,** que é um app perfeito para registrar suas **anotações de leitura**, mantendo tudo **organizado e acessível** em seu smartphone. Deixe **sua leitura mais prática** e armazene tudo que puder! Viva a experiência AlfaCon Notes. É só seguir o passo a passo para a instalação do app.

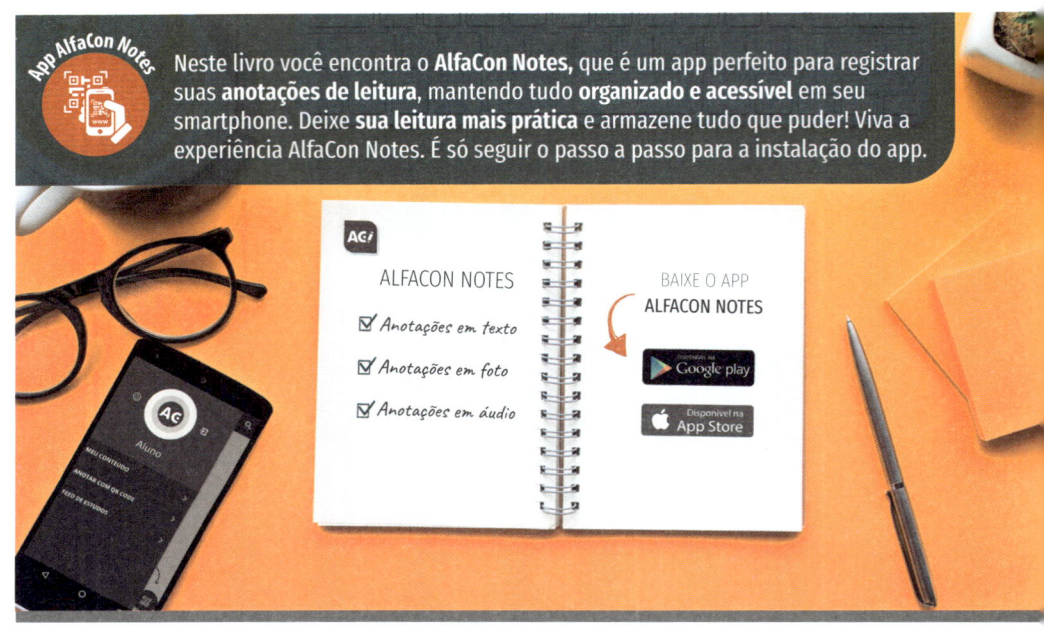

Passo 1:

 Instale o **Aplicativo AlfaCon Notes** em seu smartphone.

Passo 2:

 Você terá acesso ao seu feed de estudos, no qual poderá encontrar todas as suas anotações.

App AlfaCon Notes

Para criar uma nova anotação, clique no ícone localizado no canto inferior direito da tela.

Passo 3:

 Cada tópico de seu livro contém **um Código QR** ao lado.

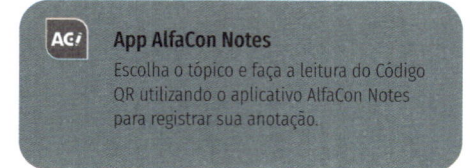

App AlfaCon Notes

Escolha o tópico e faça a leitura do Código QR utilizando o aplicativo AlfaCon Notes para registrar sua anotação.

 Pronto! Agora você poderá escolher o formato de suas anotações:

Texto:
Basta clicar no campo *"Escreva sua anotação"* e digitar seu comentário, **relacionado ao conteúdo** escolhido.

Áudio:
Clique no ícone *"microfone"*, na lateral inferior direita, mantenha o ícone pressionado enquanto grava suas considerações de voz sobre o tópico que está lendo.

Foto:

1) Clique no ícone, na lateral **inferior esquerda**.

2) **Fotografe** as anotações realizadas durante sua leitura.

3) Envie no ícone na lateral **inferior direita**.

» Agora você tem suas **anotações organizadas** e sempre à mão. Elas ficarão **disponíveis** em seu smartphone.

» Pronto para essa **nova experiência?** Então, baixe o app **AlfaCon Notes** e crie suas anotações.

Mais que um livro, é uma experiência!

Sumário

Introdução

Alô, você!

Você já parou para pensar o que é ser empreendedor? Sabe a diferença entre ser empreendedor e ser empresário? Entende o que é plano de negócios ou fluxo de caixa? Se você não sabe nenhuma das respostas, não se desespere! Eu vou explicar.

Se você chegou até este livro, imagino que tenha o sonho de empreender e abrir seu próprio negócio e esteja em busca de alguém que possa ser o seu mentor nessa trajetória. Talvez você até conheça alguns termos técnicos, mas ainda precisa saber como aplicá-los no dia a dia, certo? Então, venha comigo, que você não vai se arrepender.

Para começar, existem alguns conceitos básicos importantes que a pessoa que deseja empreender precisa conhecer. Por exemplo, você sabia que é possível ser um empreendedor, mas não ser um empresário? E que podemos ser empresário sem empreender? Parece confuso, mas não é. Vou explicar.

Ser empreendedor é conhecer a sua paixão e ter uma atitude focada para tirar a sua ideia do papel e torná-la uma realidade. É dominar a técnica do negócio que você escolheu, conhecer os processos, planejar objetivos e metas, e entender quais são as inovações necessárias para chegar aos bons resultados, isto é, ter lucro e fazer a empresa crescer.

Empreender é mais do que apenas ser o dono de um negócio. É ter uma *atitude* proativa, determinada e focada. É ser um leão que só descansa (um pouco!) quando está saboreando a presa. É saber levantar quando cair (quando um projeto dá errado, por exemplo). É ser humilde para admitir que não conhece determinado processo, mas vai estudar para aprender. É saber pedir ajuda quando necessário. É saber construir uma equipe de sucesso, conhecer as habilidades de cada colaborador e aprender a delegar. É ter garra e entusiasmo sempre, mesmo quando tudo der errado (porque, muitas vezes, vai dar errado). Sem entusiasmo e energia para transformar suas ideias em ação, você é apenas um burocrata.

Já o empresário é o sujeito que coloca a *mão na massa*. Ele está à frente do negócio, dedicando-se 100% para fazer dar certo. É essa pessoa que vai viabilizar o empreendimento e batalhar para torná-lo real e bem-sucedido.

Empreender tem a ver com atitude.
Ser empresário tem a ver com ação.

Eu me considero um empreendedor e um homem de negócios muito bem-sucedido. Comecei a trabalhar desde muito cedo, aos 12 anos, mas nunca aceitei a realidade socioeconômica ao meu redor. Eu queria mais e sabia que, se estudasse muito e acreditasse nos meus sonhos, eu poderia chegar longe. *Muito longe*. Nenhuma das pseudoverdades que eu ouvia limitaram-me.

Minha trajetória profissional é cheia de erros, acertos, aprendizados e experiências transformadoras. Eu decidi escrever este livro porque sei que muitas pessoas precisam da mentoria certa para desbravar novos caminhos.

Eu posso ser a pessoa que você procura, pois já estive no seu lugar, sonhando com uma vida melhor para mim e para a minha família, e sei como você está se sentindo. Precisei meter as caras no estudo e no trabalho para me tornar quem eu sou hoje. Arrisquei, perdi, caí muitas vezes, mas sempre me levantei mais forte.

Quer saber o que me torna diferente das 95% de pessoas que aceitam ter uma vida medíocre? Eu nunca desisti. E, assim como eu, você também não vai desistir. **Venha fazer parte dos 5% de vencedores!**

A inspiração para este livro

Se você acompanha minha trajetória como empreendedor, deve saber que fundei o *Fábrica de Valores* em 2011. A proposta inicial era que o *Fábrica* fosse um canal no YouTube em que eu pudesse compartilhar vídeos com experiências pessoais para inspirar outras pessoas. Meu objetivo era transformar positivamente a vida financeira, pessoal e profissional dos meus alunos, para que eles também pudessem realizar seus sonhos. Eu queria gerar motivação a partir da minha própria história e inspirar quem estivesse do outro lado da tela.

Minha proposta de transformação, que tem resultados comprovadamente eficazes, está fundamentada em cinco pilares: finanças, relacionamento, saúde, inteligência emocional e crescimento pessoal. Falarei sobre eles mais a diante. Eu queria conversar diretamente com jovens e até mesmo adultos sem orientação e oferecer perspectivas e novas possibilidades, inspiradas a partir da minha história de sucesso.

| Finanças | Relacionamento | Saúde | Inteligência emocional | Crescimento pessoal |

Sei que muitas pessoas precisam de um norte, mas não é comum achar alguém que tenha base para ser um mentor de verdade. É fácil ser *coach*, falar um monte de frases feitas e propagar teorias infundadas.

O que mais me incomoda nisso tudo é saber que, na maioria das vezes, essas pessoas falam sem ter *vivências reais*. No meu caso, eu posso bater no peito e dizer: eu caí muitas vezes, me fodi, mas lutei pra caralho, trabalhei duro, estudei feito um louco e dei a volta por cima. **Eu venci!** Nunca aceitei a minha condição de vida, não acreditei nas crenças limitantes que ouvia das pessoas ao meu redor e não parei de batalhar até ser um cara foda. Para mim, sempre foi muito importante ser reconhecido como um agente transformador de vidas. O dinheiro que vem do meu trabalho é apenas uma consequência.

O *Fábrica de Valores* deu tão certo que saiu do on-line e, desde 2018, passamos a realizar uma série de eventos presenciais e transformacionais. Foram momentos maravilhosos de imersão, em que pude compartilhar muitas experiências, principalmente com jovens que ainda estavam em formação. Naquele ano, foram 11 missões pelo Brasil, em que nos encontramos com mais de 15 mil alunos. Emoção pura!

Não satisfeito, eu quis ir além. Como sei que o processo de transformação exige esforço e persistência, desenvolvi um programa altamente especializado chamado **Produção e Alta Performance (PAP)**.

O objetivo do PAP é tirar nossos alunos da "caixinha", afinal, ninguém nunca foi a lugar algum dentro da sua zona de conforto, não é mesmo? Em 2020, no primeiro PAP realizado de forma totalmente on-line, nós apresentamos 8 aulas e 1 módulo extra, focado em empreendedorismo.

Na mentoria de empreendedorismo, apresentei em detalhes a minha trajetória profissional como servidor público federal, empreendedor e empresário, incluindo meu trabalho como CEO do AlfaCon, o maior curso preparatório para concursos públicos do Brasil. Essa aula fez um tremendo sucesso!

Entendi que muitas pessoas desejam mudar de vida e empreender, mas não fazem ideia de por onde começar. Eu mesmo, quando comecei, não sabia absolutamente nada. Eu tinha uma paixão, que era dar aulas e mudar a vida das pessoas por meio da educação, mas zero técnica. Por isso, entrei para as estatísticas do Sebrae: em menos de dois anos, fechei meu primeiro curso preparatório, aberto em 2007.

Dessa forma, este livro tem o objetivo de aprofundar a mentoria de empreendedorismo do PAP e ser um *guia de cabeceira* para você que quer empreender e transformar a sua realidade.

Vou apresentar os principais conhecimentos técnicos para você dar o pontapé inicial nessa nova jornada; compartilhar meus erros e acertos; mostrar a importância de ter uma vida disciplinada e, principalmente, como ter (e manter) a motivação até nos momentos em que tudo dá errado. Vou ajudar você a compreender o que é fundamental para abrir seu negócio e como prosperar, para que possa dar esse importante passo com mais segurança e conhecimento.

Eu vivo para me reinventar e, neste livro, ensinarei como você também pode fazê-lo. Vamos nessa?

 **On-line**

O capítulo *Breve História de um Empreendedor*, que conta o início da trajetória profissional do empresário e empreendedor Evandro Guedes, pode ser acessado pelo Código QR.

PARTE 1

NASCIMENTO DE UM EMPREENDEDOR

CAPÍTULO 1

O Sonho de Empreender

Desde bem cedo, sempre fui acostumado a ralar para ganhar a vida. Nunca fiz corpo mole para o trabalho! Me meti a vender pipa, lanche natural, dirigir táxi (como meu pai), trabalhar em metalúrgica... até ser aprovado um concurso para a Polícia Militar do Estado do Rio de Janeiro (PMERJ), onde atuei por 11 anos como soldado. Era a realização de um sonho, mas, pode ter certeza, não foi nenhum "mar de rosas". O trabalho era bruto, bastante puxado, mas isso nunca me assustou. Ao contrário, sempre me fez querer mais e mais. Queria crescer, ganhar mais, ter o melhor para mim e minha família.

Depois que fui aprovado no concurso para o Departamento Penitenciário Nacional (Depen), realizado em 2005, passei por dois momentos de ruptura na minha vida: eu passaria a ter um salário de R$ 7.500 (antes, era bem menos!), o que traria muito mais conforto para a minha família, além de eu ter a possibilidade de quitar todas as minhas dívidas; e eu precisaria me mudar com a Taty e a Yasmin para Cascavel, uma cidade de 300 mil habitantes no oeste do Paraná. Eu assumiria o cargo na Penitenciária Federal na cidade de Catanduvas, a pouco mais de 55 quilômetros de distância de Cascavel.

Ser agente penitenciário federal rendia uma boa grana todo mês, mas não era o sonho que eu vinha mirando há tantos anos. Essa primeira grande aprovação me mostrou que nada era impossível.

Quando você se dedica e não para de estudar, o céu é o limite! Suas palavras-chave devem ser persistência, motivação, determinação, foco e paciência.

Eu gostava de trabalhar como agente penitenciário, tinha um bom salário e uma casa confortável. Em família, tentávamos nos adaptar à realidade na nova cidade. A Taty nunca tinha saído de Barra do Piraí e eu sabia que a mudança era imensa para ela, mas tenho muito orgulho de dizer que, mais uma vez, ela deu o seu melhor pela nossa família.

Na penitenciária, eu trabalhava um dia, folgava três dias e ganhava bem. Mas o que poderia fazer nos três dias que estava à toa? Continuei estudando! Eu ainda tinha um sonho profissional a realizar.

Apesar de estar com uma vida financeiramente estável, meu trabalho como servidor público me aquietou. Eu já tinha experiência em dar aulas, lá do tempo da PMERJ, e sentia muita vontade de compartilhar meus erros, acertos e experiências como estudante para concursos públicos.

Agora, eu realmente sabia me planejar bem, sabia o que era importante para passar e tinha desenvolvido técnicas de estudo que me trouxeram aprovações. Entendi que era o momento de dar uma grande guinada na minha vida.

Do serviço público ao empreendedorismo

Do sonho grande de ser servidor público, vi nascer outro maior, que era ser empreendedor. Eu queria transformar a vida das pessoas e entendi que esse propósito me movia em uma nova direção.

Minha história como empreendedor começou em 2007. A cidade de Cascavel era muito adequada para mudar de vida e enxerguei ali uma oportunidade para investir. Obviamente, não foi uma decisão fácil, porque não demorou para que eu entendesse porém que, para você empreender, é preciso conhecer sua paixão, ser bom naquilo, mas é fundamental ter técnica. Comecei a fazer algo que eu amava e conhecia, mas sem nenhuma técnica.

Tudo começou no meu trabalho na penitenciária. Conheci um cara que trabalhava na Companhia de Saneamento do Paraná (Sanepar) e o incentivei a estudar para melhorar de vida. Ele falou: "Evandro, aqui não tem onde estudar."

Como eu o estimulei a estudar, era meu dever estar ao lado dele e oferecer alguma opção. Dessa situação, tirei uma importante lição: **não é porque não havia a cultura de estudar na cidade, que essa cultura não poderia ser criada. Esse poderia ser o meu papel como empreendedor!**

Para contextualizar esse mercado de cursos para concursos públicos, naquela época só existiam cursos telepresenciais na cidade. As aulas gravadas eram transmitidas por tecnologia via satélite e os alunos tinham que ir até o curso para assistir às aulas. Isso fazia com que o curso fosse caro, porque havia a estrutura do espaço, a produção do conteúdo e o salário dos professores. Além disso, naquela época, só havia dois cursos presenciais voltados para concurso público no Brasil. Ou seja, se você queria estudar, os cursos telepresenciais eram basicamente as únicas opções.

Naquele mesmo ano, convidei o conhecido da Sanepar e o Daniel Sena para abrir nosso próprio curso preparatório para concursos.

Para começar o negócio, dividimos as tarefas que precisavam ser realizadas. Eu estava radiante, super animado com a possibilidade de ensinar e compartilhar minhas técnicas de estudo e experiências com os alunos. Minha premissa era: se eu transformei minha vida sem ter uma boa base escolar e sendo portador de Transtorno do Déficit de Atenção com Hiperatividade (TDAH), sem dúvida poderia ajudar muita gente a mudar de vida também.

Combinamos, então, que eu daria aulas de Direito Administrativo (e, mais tarde, passei a dar aulas de Direito Penal, também); um dos meus sócios daria aulas de Direito Constitucional; e outro, que não sabia dar aula de nada, ensinaria Atualidades. Na minha cabeça, era muito simples: ele assistiria ao *Jornal Nacional* ou leria algum jornal e pronto! Alugamos um espaço simples no Sindicato Rural de Catanduvas para começar a nossa empreitada.

Para mim, estava tudo certo: eu estava abrindo um negócio na área que eu amava (dar aulas). Se eu tinha a paixão, eu não precisava de mais nada. Certo? Errado. Muito errado! Descobri que **paixão sem técnica não leva você a lugar nenhum**. Eu não fazia a menor ideia de como tocar um negócio, o que era um plano de negócios, plano orçamentário, marketing... Na verdade, nenhum de nós três nem sequer tínhamos ouvido falar sobre essas coisas.

Eu não imaginava que, **para empreender, era fundamental seguir um processo, que começava pelo desenvolvimento de um plano de negócios**. Eu nunca tinha ouvido falar em termos como plano orçamentário; não entendia nada de marketing (muito menos marketing digital, que mal existia na época). Achava que abrir um curso preparatório para concursos públicos era simplesmente alugar uma sala com mesas e cadeiras, começar a falar o conteúdo lá na frente e pronto. Imaginei que os alunos simplesmente brotariam do nada, mas isso não aconteceu.

Como eu queria muito que o nosso negócio desse certo, fui fazer o que eu conhecia: o famoso "boca a boca". Trouxe à tona o meu lado empreendedor raiz, coloquei a roupa da penitenciária, pendurei um fuzil nas costas e me fotografei próximo de uma viatura. Fiz um *flyer*, imprimi e comecei a distribuir na cidade com o apoio de amigos. Escolhi meu primeiro supermonitor, o Ricardo Barreto Salgueiro, e prometi uma bolsa se ele me ajudasse a distribuir os panfletos. Conseguimos 13 alunos! Mas, com o dinheiro que arrecadamos, não dava para pagar ninguém.

No final de 2007, eu estava todo endividado, todos os professores abandonaram o barco e terminei dando aula sozinho de todas as disciplinas. Eu estudava um pedacinho de cada matéria e só dava aquela aula no dia. Completamente despreparado para ser empresário, mas tentando fazer o meu melhor!

Para completar o problema, eu ainda pagava o aluguel do espaço do meu próprio bolso, então o dinheiro só saía, mas não entrava. Foi um caos! Eu tinha muitas ideias, mas pouco apoio. Para dar contar das finanças e manter o curso vivo, tive que me virar.

Não foi fácil admitir que meu primeiro grande empreendimento estava fadado ao fracasso. Olhando positivamente para aquele momento, vejo o quanto eu fui proativo em um momento tão difícil.

Em fevereiro de 2008, o curso foi definitivamente fechado. Eu estava financeiramente zerado, então decidi continuar estudando. A boa notícia é que, em 2008, fiz um concurso da Polícia Rodoviária Federal e passei, mas fui para a lista de excedentes. Apesar de estar bem no Depen, ainda mirava a Polícia Federal. Logo, eu tinha esperanças de que poderia ser chamado a qualquer momento.

Ainda em 2008, um dos sócios da empresa de concursos me convidou para abrir de novo um curso preparatório, mas agora em Cascavel. Topei na hora! Alugamos uma sala, compramos cadeiras, ar-condicionado e mandamos construir um tablado para ser instalado na frente da sala de aula. Estava tudo no esquema... ou quase. Quando o marceneiro entregou nosso tablado, recebemos um palco com 1,80 metro de altura! Seria cômico, se não fosse trágico: daquela altura, se você caísse, podia morrer. Não tínhamos mais tempo: estava na hora de colocar o bloco na rua.

Mais uma vez, tirei umas fotos minhas com farda, desenhei os *flyers* no *PaintBrush*, imprimi e fui entregar no meio da principal avenida de Cascavel.

Para colocar o negócio para funcionar, voltei a fazer de tudo: vendia cópia dos materiais, dava as aulas, fazia as matrículas e lavava os banheiros. Lembra o que eu falei no começo do livro? Não faço corpo mole para o trabalho!

Quando os alunos começaram a aparecer, eu estava com um novo problema. "Quanto custa o curso?", eles perguntavam. A mensalidade era R$ 250, valor tirado da minha cabeça, mas eu aceitava qualquer coisa que os alunos podiam/queriam pagar. Não havia nenhum controle do quanto eu cobrava, nem de como cobrava.

Ficou bem claro que eu não entendia nada de precificação de produto ou serviço. Eu simplesmente não sabia cobrar! Com aquela lambança, no modelo de negócios que eu criei, seria inviável ter algum tipo de lucro. Eu tinha despesas fixas, mas não fazia ideia do quanto ia entrar no meu caixa a cada mês.

Quando o primeiro mês do negócio acabou, eu vi que tinha 13 alunos, apenas três professores e as mensalidades não davam para pagar quase nenhuma despesa fixa. Demorei para enxergar a gravidade dessa situação, porque, na minha cabeça, o importante era apenas dar aula! A minha paixão seria suficiente para fazer o negócio dar certo.

Essa situação me trouxe uma importante lição: **é fundamental aprender a cobrar um valor justo pelo seu produto ou serviço, senão seus clientes não darão valor ao seu produto e sua empresa vai quebrar**. O cliente precisa compreender os benefícios do que você está oferecendo a ele para topar pagar o valor que você está propondo.

No livro **Pequeno Manual de Instruções para a Vida,** *o autor H. Jackson Brown Jr, diz que se você não souber cobrar o valor exato pelo seu produto, os clientes não darão valor ao que você está oferecendo e seu negócio não vai para a frente.*

Em resumo, no modelo de negócios que eu criei, não havia nenhuma técnica aplicada e eu jamais teria lucro.

Hoje, tento enxergar aquele momento como uma fase de experimentação. Eu sabia como funcionava a casca (isto é, sabia dar aulas), mas não sabia como funcionava o miolo (cobrança, vendas, atendimento; não fazia ideia, por exemplo, de que as pessoas pagavam com cheque sem fundo!). **Para um negócio dar certo, você tem que estar muito bem preparado em termos técnicos e emocionais.**

Empreendendo sem a menor noção

Foi inevitável: meu segundo empreendimento também quebrou. A diferença é que, no primeiro, eu tomei prejuízo; já no segundo empreendimento, eu quebrei feio e fiquei cheio de dívidas.

Essas duas perdas me fizeram entender que me incluía no principal tipo de perfil de empreendedor brasileiro: o empreendedor sem-noção. É aquela pessoa que tem um grande sonho e acha que basta criar um CNPJ que está tudo certo.

Em resumo, eu tinha todas as características do empreendedor brasileiro: quebrei meus negócios, não sabia lidar com dinheiro, não sabia escolher os sócios, não sabia precificar meu produto.

Para empreender, não dá para atirar para qualquer lado.
É preciso ter embasamento ou você está condenado ao fracasso.

Outra lição que tirei dessa situação foi **a importância de manter meu nome limpo**. Quando dissolvemos a sociedade do segundo negócio, assumi inteiramente as dívidas, incluindo pagar pelo ar-condicionado e pelos móveis. Por que eu assumi as dívidas? Por causa do meu nome. Se você não honrar seu nome e pagar todas as suas dívidas, está liquidado e o mercado engole você. Nunca mais você conseguirá se refazer.

No começo de 2009, eu tinha um negócio malsucedido no colo, dívidas e precisei parar para pensar no que viria a seguir. Eu amava dar aulas e um tropeço não poderia me parar!

CAPÍTULO 2

Nova Chance para Empreender

Pouco tempo depois de fechar meu segundo negócio, recebi uma ligação de um dos sócios dos Colégios Alfa, que era o melhor colégio da cidade de Cascavel, referência há quase 45 anos.

A proposta era a seguinte: eles tinham um nome muito forte nos Ensinos Fundamental e Médio e pré-vestibular, e queriam entrar no ramo do concurso público, mas não sabiam como. Papo vai, papo vem, sugeri que eu tocasse a área de concurso. Eles toparam.

A nova oportunidade era muito promissora. O colégio já tinha uma estrutura mínima pronta, incluindo uma organização societária e de negócios caminhando a todo vapor. Eu não precisaria me preocupar com a parte técnica dessa vez. Além disso, essa era a chance de aprender com as boas práticas já implementadas no colégio e replicar no novo negócio.

Inicialmente, caberia a mim e a um sócio montar as duas primeiras turmas, cada uma com 30 alunos. Concordamos que o colégio tinha salas sobrando e o espaço seria perfeito para começarmos. Também seria minha responsabilidade contratar os professores e montar toda a estrutura pedagógica. Recebi um valor para investir em divulgação e publicidade.

Comecei um trabalho intenso de recrutamento de professores e treinamento, aprimoramento de técnicas de aula e estudo profundo sobre editais, bancas e concursos.

No dia 7 de março de 2009, o Alfa Concursos Cascavel abriu suas portas, operando dentro de uma unidade dos Colégios Alfa.

Primeiro dia de aula: os fins justificam os meios

Marcamos a aula inaugural com a promessa de que teríamos um auditório cheio, com pelo menos 60 alunos presentes. O que eu ouvi de um dos sócios foi: "Se não tivermos 30 alunos em uma turma e 30 alunos na outra, não vamos abrir." Eu entendi o ponto dele. Ele estava certo como empresário, mas não como empreendedor, porque não é assim que funciona, nessa rapidez! Mas não havia nada que eu pudesse fazer, a não ser correr atrás de alunos. Sem turma completa, eu estava ferrado!

Para ser sincero, eu achava que a notícia de que estávamos abrindo um curso preparatório para concursos públicos na cidade automaticamente traria alunos interessados para dentro da sala de aula. Mais uma vez, eu me enganei fortemente.

Os Colégios Alfa eram referência em ensino até o pré-vestibular, mas acho que quase ninguém considerou que a instituição poderia ser boa na área de concursos públicos. Ou seja, por que alguém se matricularia em um curso sem tradição na área?

No dia da aula inaugural, não estávamos nem perto do número estipulado de alunos para dar o pontapé inicial. Ao meio-dia, tínhamos 23 alunos em uma turma e 17 alunos na outra. Suei frio.

Como o curso poderia ser cancelado se não tivéssemos quórum suficiente até as 19 horas, decidi partir para o tudo ou nada. Era o momento de ousar e apostar firme no sucesso do negócio. Sentei-me diante do computador e, no desespero, criei várias matrículas. Paguei todas elas com o meu cartão de crédito.

Apesar da maluquice, conseguimos os 60 alunos necessários. Naquele momento, eu fiz um investimento de risco e aportei dinheiro no meu negócio, porque eu acreditava nele. Eu precisava mostrar aos outros sócios que o curso daria certo, principalmente para estimular as poucas pessoas que estavam nos apoiando.

Quando os sócios viram as matrículas dos 60 alunos, ficaram animados, mas eu estava apavorado, porque sabia que o risco de não termos o número total de pessoas no auditório era enorme. Como eu ia justificar 60 pagamentos, mas apenas 40 pessoas presentes?

De repente, as pessoas começaram a aparecer no horário marcado, incluindo vários alunos em potencial, interessados em fazer a aula teste para, em seguida, matricularem-se. Foi um sucesso, um milagre!

Essa situação me trouxe a seguinte lição: **você tem que arriscar, só não pode ser maluco!**

CAPÍTULO 3

A Importância da Marca

No processo de abertura de um novo negócio, a marca Alfa fez toda diferença. Além disso, tínhamos uma empresa estruturada por trás, com alguém para lidar com dinheiro, tributos e marketing.

Aqui, compartilho outro aprendizado: **o importante é ter um profissional de marketing que entenda do negócio.** Não adianta colocar um vendedor de carros para vender livros! A pessoa responsável pelo marketing não entendia absolutamente nada da área de cursos preparatórios e foi um tremendo caos. Acabei aprendendo para poder ensinar.

Com o curso estabelecido, comecei efetivamente a dar aulas e assessorar essa pessoa do marketing. Mas o dia a dia não foi fácil, muito pelo contrário. Tínhamos uma quantidade de alunos que enchia as salas, mas não era o suficiente para pagar as contas ou, pelo menos, zerá-las. Eu dava aulas no mês inteiro, convidava os professores para darem as aulas, fazia os pagamentos e, no final do mês, ainda saía devendo.

Como responsável pelo Alfa Concursos, cabia a mim pagar todos os custos, incluindo o salário dos professores. Só não foi pior porque havia muita compreensão dos sócios. Todos os meses, eles diziam: "Além de não estar dando lucro, o curso ainda está dando prejuízo. Então, não precisa pagar nada por enquanto. A partir dos próximos meses, a gente vai abatendo se tiver lucro." No final das contas, foram muitos meses dando aulas, mas sem receber R$ 1.

Um pouco de história - e uma grande demonstração de fé

Aqui, abro espaço para fazer uma contextualização e mostrar como é importante sempre acreditar no futuro do seu negócio.

No Alfa Concursos, tínhamos um orçamento fechado para pagar R$ 15 hora/aula para cada professor. Como cada um ministrava cerca de 4 horas de aula por dia, isso dava uns R$ 60. O problema é que meu ex-sócio, aquele do primeiro curso, foi trabalhar na concorrência. Esse concorrente pagaria R$ 100 por dia aos professores. Ou seja, se eu não me mexesse, perderia os melhores. Como eu tinha muita proximidade com muitos desses caras, consegui trazê-los para o Alfa, mas sob a condição de que recebessem os mesmos R$ 100 por dia. Eu topei, claro. Para resolver o problema do orçamento, pagávamos os R$ 60 e, por fora, eu pagava os R$ 40 por conta própria. Ou seja, além de ter prejuízo no curso, eu ainda tirava dinheiro do meu bolso. Por que eu fiz isso? Porque eu acreditava no sucesso do meu negócio!

CAPÍTULO 4

Ter Uma Boa Equipe é Fundamental

Apesar dos prejuízos, o negócio estava começando a render frutos e passamos a ficar mais conhecidos na cidade.

Foi então que tiver que lidar com outro problema recorrente nas empresas: o engajamento e o comprometimento dos colaboradores. Eu tinha um problema sério com os professores da minha equipe, que faltavam sem avisar, faziam distrato de contrato no meio do período letivo e me deixavam na mão.

No final de 2009, começamos a buscar novos professores, pessoas que estivessem com "sangue nos olhos" e vontade de vestir a camisa. Foi aí que o cenário começou a mudar!

Para ser sincero, todos – eu e parte dos novos professores – éramos muito ruins de palco se compararmos com nossa experiência atual. Éramos apaixonados por nossos alunos e muito bons em conhecer o conteúdo das provas de concursos públicos, mas entendíamos que apenas a boa presença em sala de aula era fundamental.

Nessa fase do curso, tínhamos professores de primeira e de segunda linha, como eu. A diferença é que os professores *top* nem sempre se dedicavam tanto aos alunos quanto o segundo grupo de professores, então os alunos acabavam se apegando à gente. Estávamos com eles durante a semana, sábado e domingo, de madrugada, até os 45 do segundo tempo. Eu, por exemplo, tinha uma turma de PRF com 13 alunos no final de 2009. Estava com eles para elaborarmos as matérias e questões e estudarmos juntos. Tivemos 4 aprovados.

CAPÍTULO 5

Equilíbrio Financeiro

Apesar de todo o trabalho e dedicação, o dinheiro que entrava ainda não era suficiente para, pelo menos, pagarmos as contas e ficarmos zerados (o que chamamos de equilíbrio financeiro). O que ganhávamos com 20, 30 alunos em sala de aula não cobria as despesas, sendo quase impossível ter qualquer lucro. Tínhamos custos de locação de sala, salário da equipe, investimento em marketing... Até a hora de uso do ar-condicionado da sala nós pagávamos. E a conta ainda não fechava.

"O que ganhávamos com 20, 30 alunos em sala de aula não cobria as despesas."

É claro que os sócios dos Colégios Alfa começaram a ficar preocupados – e com razão. O dinheiro estava sendo investido há quase um ano e ainda não havia sinal de retorno.

Eu me sentei com o responsável pelo marketing e falei: "Cara, precisamos dar um jeito. Precisamos de um *slogan*, melhorar nossa divulgação, sei lá." Foi então que, no começo de 2010, criamos um *slogan* que começou a ficar conhecido na internet.

Vai estudar, que a sua vida tá uma merda!

Nessa época, eu ainda lavava, cozinhava e passava dentro do curso e, agora, eu também seria garoto propaganda para os anúncios!

Toda essa experiência me fez descobrir que, no final das contas, meu sonho não era exatamente dar aulas para concurso público. Minha missão era *transformar* a vida das pessoas e ser professor ou mentor era um meio de fazer isso acontecer.

Certo dia, em uma reunião com os 17 professores que trabalhavam com a gente, falei o que eu acreditava com todo o meu coração: **ainda seremos o maior curso preparatório do país**. Quase todos debocharam de mim, mas alguns colocaram fé nas minhas palavras. Nem preciso dizer que são estes últimos que continuam ao meu lado, não é?

Um dos primeiros casos de sucesso - Evanildo Ferreira

Em meados de 2009, conheci um cara do Movimento dos Sem-terra (MST) chamado Evanildo Ferreira e vendi a ideia de ajudá-lo a passar em um concurso público e mudar de vida. Eu sabia que um exemplo desses seria fundamental para mostrar como o nosso curso preparatório era bom. Ele precisaria fazer alfabetização, supletivo, Educação de Jovens e Adultos (EJA) e tecnólogo no Paraná. Evanildo topou!

Peguei uma folha de papel e pedi para ele ler, para entender o nível de escolaridade dele, e Evanildo parecia eu lendo um texto em inglês! Não saiu nada! Pensei: "Ferrou, ele não sabe nem ler."

Aprendi uma importante lição: se você quer vender um sonho para alguém, vá junto. Meu sonho era colocá-lo na prefeitura ganhando uns R$ 1.500, mas ele queria muito mais. Aprendi também a não me meter no sonho das outras pessoas.

Evanildo era uma potência e seguiu todos os passos que desenhamos juntos. Depois de terminar a formação escolar básica, ele passou no concurso da prefeitura, fez curso dos bombeiros e, em 2013, passou para a Polícia Rodoviária Federal como excedente. Em 2014, começou a estudar no nosso curso presencial e se classificou na primeira turma da Polícia Federal. O cara é demais!

Hoje, Evanildo é empreendedor e dono do Elite Concursos, em Belém do Pará. É também representante AlfaCon, atuando como importante parceiro na venda dos nossos materiais na região dele. O moleque nasceu para brilhar!

CAPÍTULO 6

Aprovação na Polícia Rodoviária Federal

Em julho de 2009, poucos meses depois de o Alfa Concursos ser inaugurado, a Polícia Federal lançou edital para vagas de escrivão no estado do Mato Grosso. Eu sabia que, além desse concurso, estava prevista abertura de edital da Polícia Rodoviária Federal, mas quase caí para trás quando marcaram a prova para agosto daquele ano. Tínhamos duas provas importantes e pouco tempo de preparação.

Desenvolvi um plano especial de estudos para a prova da PF e entendi que essa seria uma excelente oportunidade para que os primeiros alunos do curso pudessem conhecer o estilo da prova, mesmo que ainda não estivessem prontos para a aprovação. Deixei claro que, com muita dedicação e paciência, eles chegariam lá.

Pegamos a estrada juntos e cerca de 35 jovens, cheios de sonhos, embarcaram nessa aventura comigo. No fim das contas, nenhum dos alunos foi aprovado, mas *eu passei*. Fui aprovado na 40ª posição do *ranking* geral do Brasil. Esse fato foi fundamental, porque me deu ainda mais autoridade para mostrar que a metodologia e o planejamento de estudos desenvolvidos por mim *realmente funcionavam*.

Pode parecer um pouco estranho o que eu vou dizer, mas, depois que eu realizei o meu sonho de ser aprovado no concurso da Polícia Federal, entendi que o meu sonho havia mudado. Eu tinha me apaixonado pela molecada para quem eu dava aula e pela possibilidade de mudar a vida de cada um deles.

Não foi fácil abrir mão da PF depois de ter sido aprovado. Ainda me lembro do dia em que entrei na Academia Nacional de Polícia (ANP) e vi que não pisaria mais ali para fazer os treinamentos.

Dessa situação, eu tirei lições e aprendizados. Descobri inclusive que, conforme a gente evolui e amadurece, os sonhos também mudam. Peguei emprestado o *slogan* que fica na porta da ANP – **Aqui começa a realização do seu sonho** – e o reproduzi na entrada do AlfaCon. Não havia mais dúvidas de que era o momento de mergulhar de cabeça no meu novo empreendimento: eu ia ajudar as pessoas a realizar seus sonhos.

CAPÍTULO 7

Novos Desafios

Toda vez que você abre um negócio na sua cidade ou região, você vai receber o nome de *first-mover advantage*. Em marketing, isso significa que o pioneiro, justamente por ser o primeiro, tem uma vantagem competitiva em relação ao próximos entrantes daquele mercado. Descobrimos isso muitos e muitos anos depois. Por isso, eu não blindei meu negócio quando os primeiros concorrentes chegaram a Cascavel.

No começo de 2010, um concorrente abriu um curso exatamente do outro lado da rua e começou a cobrar a metade do valor da nossa mensalidade. Tínhamos a estrutura, a qualidade e outros diferenciais, mas ficamos receosos de perder alunos por causa do preço. Os sócios do colégio nos disseram: "Fiquem tranquilos, porque lá não vai encher." E realmente o curso da concorrência não encheu e não perdemos nossos alunos. Ao contrário!

Naquele mesmo ano, conseguimos encher uma turma para concurso da Polícia Militar do Pará com 1.100 alunos! Meu sócio, que trabalhava na parte financeira, virou e disse: "Cara, vamos seguir a regra de mercado. Tem gente demais lá na nossa porta para fazer matrícula.

Corta cartão de crédito, corta boleto. Só pode pagar em grana!". Achei que ele era um louco, mas deu certo. Quem estava na fila, saiu correndo para sacar dinheiro e pagar em grana viva, tudo para não perder a vaga. Foi maravilhoso ver aquela multidão de alunos. Isso que realmente importava!

Mas agora que tínhamos mais de mil alunos matriculados, onde íamos colocar toda aquela gente? Não tínhamos salas nem professores suficientes. Assim, aprendi mais uma lição: primeiro você vende, depois você entrega. Mas tem que entregar com qualidade!

O poder da persistência e a importância de acreditar no seu negócio

Eu me ferrei bonito como empreendedor em 2007, 2008 e 2009. No final de 2010, vi um concorrente surgir na minha porta e cobrar metade do valor pelas mensalidades, que podiam ser pagas em cartão de crédito ou boleto. Tive receio, mas, no final das contas, eles tinham cerca de 50 alunos, enquanto tínhamos mais de mil alunos em 8 turmas!

Meu sócio pirou de animação diante do novo cenário e disse: "A gente vai ter distribuição de lucro no primeiro dia!". E eu falei: "Porra, eu vou ver dinheiro!". Ele colocou o pagamento das matrículas em cima da mesa, repartiu meio a meio e me entregou a minha parte. Cheguei em casa com uma sacola de dinheiro!

A primeira coisa que eu fiz com esse dinheiro foi quitar minhas dívidas e empréstimos do empreendimento anterior. Paguei quase tudo o que eu devia. Cumpri meus compromissos antes de pensar em curtir com a grana, viajar ou ir a bons restaurantes.

No final das contas, provamos que, se tivermos paixão, qualidade, paciência e capacidade de aprender com os desafios, a gente consegue.

A entrada no mundo on-line

A história de como o Alfa Concursos entrou no mundo on-line é maravilhosa. Com o *boom* de alunos que tivemos, as salas de aula ficaram completamente lotadas e ainda tínhamos gente na secretaria esperando pela chance de fazer matrícula. De repente, ouço alguém dizer: "Parem de fazer matrícula! Não tem mais espaço!". Merda, eu queria matricular todos aqueles alunos, precisava do dinheiro, mas onde íamos colocar aquele pessoal todo? Era a hora de pensarmos em uma alternativa para ampliar nosso negócio.

Nessa época, a internet ainda era muito lenta, especialmente para quem precisava abrir ou baixar vídeos e figuras pesadas. Então, não era tão fácil assim gravar um vídeo e simplesmente jogar em uma plataforma ou site. Assistindo à televisão, vi uma reportagem falando sobre as aulas que estavam sendo transmitidas ao vivo da Universidade de Harvard, nos Estados Unidos, e foi aí que tive uma grande ideia.

Nem preciso dizer que, nesse período, minha vida estava uma grande confusão. Eu não vinha tendo a melhor relação com os meus sócios em Cascavel, dava aulas na penitenciária e ainda precisava equilibrar minha vida pessoal.

Nessa fase, conheci um senhor que era da área jurídica da empresa. Ele me disse: "Cara, você é sensacional! Preciso mostrar umas coisas pra você." Fui apresentado aos donos do Ieses Concursos e aceitei a proposta de ser professor lá. Passei a viajar de Cascavel para Curitiba com frequência para gravar aulas e meu cronograma era insano. Eu tinha que aproveitar o tempo de estadia na cidade e gravava das 8 horas da manhã até meia-noite. Eu não montava um planejamento ou material didático para os alunos acompanharem as aulas, então, nem preciso dizer que era uma confusão.

O Ieses teve grande importância no meu aprendizado, mesmo a gravação das aulas e a transmissão sendo muito rudimentares. Os vídeos eram editados e colocados na plataforma do curso, mas ninguém conseguia assistir direito, porque eram pesados demais para carregar. Outra opção que usavam era a transmissão via satélite.

Comecei a pesquisar e estudar muito para entender melhor como transformar esse mercado promissor e entregar um conteúdo de qualidade, em um formato no qual o aluno pudesse assistir aos vídeos.

Navegando na internet, encontrei o portal de outra empresa de concursos, que foi uma grande inspiração para mim. O trabalho deles era impecável – exatamente o tipo de exemplo de que eu precisava. Peguei dezenas de folhas de papel, sentei-me na frente do computador e comecei a anotar um monte de nas informações que estavam disponíveis ali. Depois de analisar – do meu jeito – o site, pedi um orçamento para montarmos algo parecido e me enviaram uma proposta de R$ 30 mil.

Se queríamos investir no on-line, precisávamos de um nome para o curso. Assim, o nome Alfa Concursos Cascavel foi adaptado e acabou virando Alfa Concursos Online.

Continuei minhas pesquisas e desenvolvi uma fórmula totalmente inovadora para gravar as aulas on-line. Funcionava assim: contratei um câmera para ficar em pé, com uma câmera pesada no ombro, por 5 horas. Ele me filmava sem parar, enquanto eu andava de um lado para o outro no tablado, explicando as matérias. Repeti a fórmula para gravar as dezenas de matérias. Deu certo? Claro que não! Se bobear, ainda devo ter deixado o sujeito com problema de coluna.

Decidi me reunir com os sócios, porque era hora de profissionalizar o on-line. Eu disse: "Galera, eu tenho uma supersensação. Nós estamos no presencial e vamos inovar. Vamos montar o primeiro grande portal de concursos públicos do Brasil!" (Nosso portal não seria exatamente o primeiro, mas ninguém naquela sala sabia disso e eu deixei por isso mesmo). O pessoal não comprou a ideia, pois eles não acreditavam nos negócios via internet e disseram que ia dar tudo errado.

Enquanto meus sócios estavam fora do país, me arrisquei, comprei todo o equipamento necessário e montei o melhor estudo possível. Quando eles voltaram... Surpresa! O estúdio estava pronto, mas sem a autorização deles. Foi uma puta confusão! Tive que fazer todo um trabalho de convencimento, tentando argumentar porque aquilo daria muito certo. Eu sabia que tinha a vantagem de conhecer o negócio muito melhor do que todos eles e precisava usar isso a meu favor. Brigamos muito, mas, no final, como já estava tudo pronto, acabaram topando.

Começamos a colocar a mão na massa, mas é claro que vieram os primeiros problemas. Como calcular o tempo de aula no on-line? As aulas no presencial duravam cerca de duas horas e meia. Uma aula dessa extensão simplesmente não carregaria no portal, fora que ninguém estudaria esse tempo todo de frente para o computador. Calculei, então, que a aula on-line deveria ter metade do tempo da aula presencial, para ficar mais agradável e o aluno não dispersar.

Naquela época, os concorrentes ainda não conseguiam fazer os vídeos funcionarem e a opção que encontraram era vender materiais didáticos com o texto das aulas na internet. Assim, posso dizer que fomos os precursores, o *player* número 1, aqueles que inovaram o mercado das aulas em vídeo no Brasil.

As aulas foram estruturadas da seguinte forma: seriam cinco blocos de meia hora cada, com começo, meio e fim.

Começamos a gravar as aulas e pagamos os R$ 30 mil para desenvolvimento do portal, mas deu merda antes mesmo de começar. Descobrimos que era preciso ter toda uma documentação e requisitos para colocar o portal no ar e não tínhamos nada disso. Era inacreditável como só dava merda! Depois de desenrolar mais essa situação, finalmente terminamos de gravar as aulas e começamos a abastecer o novo site.

Aviso aos empreendedores!

Um aprendizado muito importante para todos os empreendedores: não adianta ter só essência (ser o melhor cozinheiro, o melhor escritor ou o melhor operador de som) se você não tiver o arcabouço financeiro, a tecnologia necessária, a organização e o conhecimento dos processos. Descobri que, sem processos, não se chega a lugar algum.

Nem preciso dizer que, depois dessa confusão toda, os sócios me achavam um pouco incontrolável, não é? Para tentar me colocar na linha, convocaram um cara da área financeira para controlar os meus passos e as minhas decisões. Fui para Curitiba encontrá-lo, muito contrariado. O cara, que se chama Javert Falco, já era um experiente executivo de finanças na época.

Pouco tempo depois, o Javert foi para Cascavel trabalhar em outro projeto que tinha dado errado e fui atrás dele. Eu sabia que ele era bom e não quis perder a oportunidade. Eu o chamei e disse: "Precisamos de você aqui e do seu dinheiro." Eu e meus sócios nos sentamos com ele e fizemos uma proposta. Precisávamos da experiência dele e de um aporte de dinheiro.

Quanto vale o seu negócio?

Eu queria que o Javert se tornasse sócio e investisse no negócio, mas não fazia ideia do quanto nosso negócio valia. Calculamos uns R$ 100 mil, de cabeça. Assim, com base em achismo.

O Javert topou e, para levantar a grana, vendeu um imóvel dele e aplicou todo o dinheiro. A partir daquele momento, ele assumiu 10% da sociedade. Em resumo, deu para entender a confusão de matemática que todos nós fizemos? Tem cabimento? Não, não tem.

Mas raciocine comigo. Por que alguém investiria , por exemplo, R$ 1 milhão em um negócio que, naquele momento, valeria só R$ 100 mil? A resposta não é fácil, mas tem fundamento: um investidor que coloca muito dinheiro em um negócio que ainda não vale tudo aquilo tem uma visão de *valor futuro*.

Quando uma empresa ainda está muito no começo, é difícil determinar o quanto ela vale apenas pela receita dela. Então, são feitos vários cálculos para projetar o quanto ela pode valer no futuro, com base no potencial de crescimento. Assim, podemos dizer que o Javert não pagou errado quando investiu mais do que o dobro do que a empresa valia. *Ele apostou certo, porque ele viu futuro*. Essa é a grande diferença.

Profissionalização do negócio

A chegada do Javert ajudou a profissionalizar muito o negócio, principalmente porque estávamos entrando em um segmento novo, que ninguém conhecia muito bem ainda. Passamos por perrengues, inclusive para resolver questões de impostos. Por exemplo, a prefeitura de Cascavel não entendia qual era o nosso negócio e não sabia como tributar cursos livres na internet. Foi uma confusão do caramba!

Na parte pedagógica, eu já vinha me especializando na produção de materiais didáticos e apostilas para nossos alunos estudarem. Para fazer a primeira apostila, ainda em 2009, eu basicamente peguei os editais dos principais concursos, puxei uma cadeira para a frente do computador, fiz um monte de pesquisas na internet e montei a apostila toda. Na época, os materiais didáticos de concursos eram tão ruins, que nossa apostila foi um sucesso de vendas.

Quando o Javert entrou na empresa, ele pegou esse material e disse: "Evandro, você não pode fazer isso! Tem que contratar professor, escrever o material, pagar direitos autorais." Eu lá sabia disso?! Então, começamos a montar o primeiro embrião das apostilas, como elas são hoje. Atualmente, o material é vendido nas principais livrarias do Brasil, mas, no início, era muito rudimentar, quase feito em fundo de quintal.

Além disso, também começamos a aperfeiçoar a forma de produzir as aulas para a internet. Comecei a gravar as aulas, já me sentindo pronto para inovar, e falei para os professores: "Ninguém vai ficar lendo texto de lei ou apresentação em PowerPoint!". Passamos a dar as aulas com lousa digital, escrevendo enquanto explicávamos a matéria, porque o aluno precisa entender e visualizar o que está sendo dito. Ninguém criava aulas e conteúdo como o nosso curso, então, fomos lá e fizemos bem-feito.

Investir em inovação para crescer

Naquele momento, tínhamos dois pilares prontos: as aulas gravadas para a internet, o que era uma inovação, e os processos para tocar o negócio, que estavam ficando cada vez mais redondos. Mas faltava um pilar, que era o da *tecnologia*.

3 pilares para o sucesso

É muito complicado investir em uma área em que não se tem pleno conhecimento. E descobrimos isso na prática. Por exemplo, gravamos todas as aulas e, no final, descobrimos que os vídeos estavam muito pesados para *upload* na plataforma e precisaríamos comprimir as aulas, senão elas não iam carregar nunca para os alunos. Todo o trabalho de horas de gravação foi parar no lixo, porque simplesmente gravamos no formato errado. Havia muita boa vontade, mas total desconhecimento da tecnologia. Tivemos que regravar tudo, dessa vez nos padrões corretos, para entregar o melhor conteúdo possível. A necessidade de encontrar alguém fera em tecnologia era urgente!

Em 2011, fomos apresentados a um cara que se dividia entre a Inglaterra e o Brasil, chamado Jadson Siqueira. Ele era professor universitário, trabalhava com tecnologia e, para completar, era filho do meu sócio original, o dono dos Colégios Alfa.

Eu não fui com a cara dele assim que o conheci, e piorou quando o Jadson chegou para mim e disse: "O que você acha de me dar 1% da empresa? Vamos transformar isso em um negócio milionário." Quando ouvi isso dele, eu quis matar o cara. Minha vontade era mandá-lo de volta para a Inglaterra (ok, não era bem isso, mas você entendeu...). Imagino que ele também não tenha gostado muito de mim, porque tentei de todas as formas fazê-lo mudar de ideia e desistir de ser sócio do Alfa Concursos.

Essa história se transformou em uma grande queda de braço. Além disso, naquela época, apesar de estar começando a investir no on-line, eu ainda apostava todas as minhas fichas no presencial. Mas o Jadson insistiu demais, dizendo que enxergava uma ideia que tinha uma essência muito boa, e via na internet a possibilidade de ampliar essa essência.

Na época em que ele ainda nem tinha sido aprovado como sócio, ele já me abordava cheio de energia e me enchia de perguntas. "Você faz Google AdWords? Faz SEO?" e eu só pensava "Que porra é essa que ele está falando?". Então, comecei a entender que eu não conhecia nada dessas ferramentas para internet. Eu comecei o negócio on-line só me divertindo, mas sem nenhuma noção.

No final das contas, o cenário era o seguinte: entramos em um conflito interno para decidir sobre a entrada do Jadson. Conversamos muito, discutimos bastante e ele conseguiu entrar na empresa como sócio.

No nosso primeiro PAP, o Jadson deu um depoimento sobre isso.

Depoimento - Jadson Siqueira

"Eu enxerguei uma ideia nascendo, algo que tinha uma essência muito legal. Trabalho com a internet a vida inteira e a internet é um canal para transferir uma essência, que multiplica muito as coisas, sejam boas ou ruins. E eu enxerguei essa essência boa. Eu tinha sido professor universitário durante sete anos e estava na Inglaterra trabalhando com tecnologia. Eu comecei a olhar para o concurso público e pensei: 'O cara estuda aqui por dois, três anos, passa e aumenta o salário dele no dia seguinte.' Enquanto, na faculdade, eu tinha meus alunos "camelando" por 4 anos, o cara se formava aos trancos e barrancos, ia fazer uma pós-graduação e ganhava 10% a mais e um abraço do patrão, e olhe lá. Às vezes, o cara não ganhava nem um aumento. No concurso público, essa realidade era muito direta. Eu já tinha trabalhado por muito tempo no Ensino Superior e todo o mercado regulado de faculdade é um saco – fui avaliador do MEC, e você precisa provar para o governo que funciona. No concurso público você não tem que provar nada para ninguém. Você tem que aprovar o cara. Não tem um órgão regulador, como o Inep, que vai dizer se você tem um bom curso. O que diz se você tem um bom curso é: você tem aprovados? Está funcionando? Logo, o negócio funciona. Então, era uma essência muito legal, e eu enxergava que precisava de canal. Era aquele negócio que estava dentro de uma caixinha e precisava chegar na grande massa. Eu sabia que tinha competência para fazer isso chegar a uma grande massa. Eu vi que tinha sinergia."

Do presencial ao on-line: um mundo de possibilidades

Se eu pudesse resumir meus primeiros anos como empreendedor no Alfa Concursos, eu diria que, em 2010, ganhei meu primeiro dinheiro como empresário, mas só paguei as dívidas que fiz em 2009. Em 2011, deu quase tudo errado. Eu ainda não ganhava dinheiro, patinava na parte técnica e só seguia em frente, otimista de que as coisas iam melhorar em algum momento. Decidimos, então, que era hora de arriscar e alçar novos voos.

Para começar, criei o *Fábrica de Valores*, um canal no YouTube voltado para desenvolvimento pessoal dos meus alunos e pessoas interessadas no tema. Eu queria usar a minha história de sucesso e superação para ajudar outras pessoas. Fiz 50 concursos públicos e passei em 12 – isso me dava muita bagagem.

No Alfa Concursos, o curso presencial ainda não dava lucro, mas avaliamos que o mercado on-line tinha potencial e poderia ser uma oportunidade para expandir o negócio para além das fronteiras de Cascavel. Fomos visionários, essa é a verdade! Tudo o que era feito até então era muito ruim.

Investimentos em compra de equipamentos, salas de gravação e equipe qualificada. Tínhamos o *know-how* em dar aulas no presencial e agora queríamos transferir esse conhecimento para o on-line. Claro que nem tudo são flores: nesse processo, compramos equipamentos errados, perdemos horas de aulas gravadas, contratamos pessoas que não entendiam tanto assim do negócio. Os erros trouxeram mais aprendizado e conseguimos acertar os processos e montar uma equipe redonda. De uma sala de aula em Cascavel, finalmente chegamos a 27 estados do Brasil, oferecendo uma forma totalmente nova de aprender.

Só posso dizer que 2012 foi um ano foda! No final daquele ano, nosso negócio finalmente começou a decolar.

CAPÍTULO 8

O Nascimento do AlfaCon

Um dos grandes entusiastas do nosso negócio se chama João Rodrigues, diretor-geral dos Colégios Alfa. Ele sempre deixou claro que via muito potencial em nossa empresa e ficou ainda mais otimista quando começamos a investir no on-line. O negócio tinha escala e, por isso, era ainda mais promissor: poderíamos colocar mais de 1 milhão de alunos em uma sala de aula virtual.

Como os Colégios Alfa usavam um sistema de ensino desenvolvido por uma grande e conceituada empresa de educação brasileira, Rodrigues tinha contato direto com executivos do grupo. Em uma dessas conversas, ele soube das intenções desse grupo educacional em expandir seus negócios e aproveitou a oportunidade para apresentar o Alfa Concursos. Contou aos seus contatos que estávamos crescendo na área do on-line e tínhamos um futuro muito promissor com todos os investimentos que estavam sendo feitos.

A partir da conversa do João Rodrigues com executivos do grupo, eles se interessaram em nos conhecer. Nossa empresa, além de oferecer as aulas presenciais, tinha conquistado milhares de alunos que estudavam a distância, e isso pareceu muito oportuno para eles.

Rodrigues fez essa ponte e marcamos uma primeira reunião para que o diretor-executivo do grupo educacional viesse conhecer nosso ativo. Eu estava vibrando! Achei que as coisas estavam finalmente começando a dar certo.

O Javert ficou tão animado com a oportunidade, que fez uma apresentação impecável da nossa empresa. Ele detalhou nossos sonhos, metas e perspectivas. Na época, nosso faturamento era mínimo, de cerca de R$ 24 mil por mês. O possível investidor queria mesmo era avaliar o potencial de um "negocinho" daquele tamanho se tornar um *grande negócio* no futuro.

Ao final da apresentação, aguardamos a boa notícia, mas o executivo apenas disse: "O negócio parece ser bom, mas tributariamente está tudo errado. Está tudo muito confuso." Não tínhamos a menor noção das nomenclaturas que ele usou e a fala dele foi um choque. Não tínhamos um plano orçamentário bem desenvolvido e não sabíamos um monte de coisas (por exemplo, não podíamos pagar comissões a determinados tipos de colaboradores ou precisávamos pagar direitos autorais em contrato). Ele disse: "Primeiramente, acertem a empresa."

Respirei fundo e tomei fôlego para seguir em frente. Precisávamos fazer aquela negociação dar certo e a única forma era colocando a mão na massa. Como parte da missão para apresentar o Alfa Concursos, ainda tínhamos uma reunião com esse grupo investidor para conhecer os demais executivos do conselho e apresentar a empresa a eles.

Preparamos uma apresentação caprichada e, no dia marcado, falei do nosso negócio da forma mais apaixonada possível. Bom, caí do cavalo. Quando terminei, vi apenas sujeitos me olhando com cara de paisagem, enquanto outros pareciam distraídos. Os caras não estavam nem aí para uma apresentação apaixonada, cheia de propósito. Eles queriam ver números, dados, projeções, perspectivas de negócio para 5, 10, 20 anos. Eu não tinha nenhuma técnica, era puro sentimento. O diretor-executivo foi bacana naquele encontro e me garantiu que nossa tese era boa, mas aquilo ainda não era o suficiente para que sua empresa topasse comprar a gente. Apenas um executivo dentre os presentes realmente apostou no Alfa assim que conheceu nosso projeto.

A verdade que se apresentou era a seguinte: se eu quisesse que o Alfa Concursos continuasse crescendo e se tornasse interessante para os investidores, teríamos que remodelar e reconstruir a nossa empresa.

No segundo encontro com diretor-executivo, três meses depois, muita coisa já havia mudado, principalmente nosso faturamento: de R$ 24 mil, estávamos na casa dos R$ 90 mil por mês. Na terceira reunião, depois de outros três meses, estávamos ainda mais profissionalizados: já tínhamos passado dos R$ 300 mil por mês!

No total, levamos cerca de cinco meses na reorganização da empresa para estarmos aptos a passar pelo que chamam de M&A (*Mergers & Acquisitions*, ou fusões e aquisições, em português). Que processo doloroso! Eu nunca valorizei tanto os meus sócios Jadson e Javert quanto naquele momento. Além disso, o diretor-executivo foi sensacional, porque nunca se importou em ser um mentor para a gente. Aprendi na marra como um processo de fusão e aquisição pode ser sofrido e extenuante.

Mas, como eu já disse e vou sempre repetir, desistir nunca foi uma opção para mim, principalmente diante de uma oportunidade daquelas. Se era para fazer dar certo, nenhum de nós ia dar para trás agora.

Assim, em outubro de 2012, nosso investidor, um conceituado grupo educacional, comunicou à imprensa a compra de 51% do Jafar Sistema de Ensino e Cursos Livres S.A., razão social do Alfa Concursos Online (AlfaCon). A compra foi fechada no valor de R$ 5,5 milhões pela fatia do capital. Como sócios minoritários, donos de 49%, recebemos R$ 4,5 milhões pelas ações e a título de "prêmio por não concorrência".

Foi uma emoção gigante quando fechamos o negócio! Foi um dos dias mais sensacionais da minha vida. Era o reconhecimento de que a nossa empresa estava no caminho certo. Apesar de ter passado por aquele processo penoso, que durou meses, eu estava nas nuvens. E sabia que, a partir daquele dia, era questão de tempo até o Alfa Concursos chegar em todo o Brasil.

Com as mudanças no negócio, começamos reformulando o nome do curso: Alfa Concursos virou AlfaCon. Passamos a ser uma Sociedade Anônima (S.A.), o que demandou uma reestruturação de cargos, e os sócios passaram a ser diretores-executivos. Eu passei a ocupar o cargo de chefe-executivo da empresa (CEO); Jadson ficou responsável pela tecnologia (CTO) e Marketing (CMO); Javert era nosso diretor financeiro (CFO). O executivo do grupo investidor, que nos apoiou desde o começo, também se tornou diretor-executivo da empresa, sendo representante do conselho do referido grupo (isto é, dos 51%).

Bom, mas não é porque virei CEO do AlfaCon que eu sabia como lidar com as minhas novas atribuições e responsabilidades. Tive que estudar muito para aprender a ser presidente de uma companhia; compreendi que teríamos poderes, deveres, limites e encontros frequentes com conselho de administração para discutir os resultados e rumos da empresa.

Na prática diária, pouca coisa mudou, pois continuamos tocando o negócio como antes. A única diferença é que, agora, tínhamos outros três sócios acionistas, mas que, apesar de não estarem no *business* do dia a dia, "torravam" a nossa paciência. Tínhamos o controle, mas esse grupo tinha a ingerência do negócio, e isso atrapalhava muito. Tudo o que fazíamos precisava ser justificado para eles. Se queríamos contratar um colaborador, *qualquer um*, tínhamos que pedir autorização. Eles não faziam ideia de como se geria um negócio on-line e todos aqueles questionamentos me tiravam do sério!

Governança: a palavra mágica

Em uma das nossas reuniões mensais com o conselho de administração, incluíram na pauta a questão da *governança*. Eu não fazia ideia do que aquilo se tratava, mas basicamente significava que o trabalho seria feito com "cada um no seu quadrado".

Logo que um dos executivos começou a explicar, ficou muito claro para todos nós como seria a nova dinâmica: quem era diretor-executivo, ficaria na reunião de diretoria; quem era acionista, ficaria na reunião do conselho. Assim, ninguém se meteria onde não era chamado.

A partir dali tudo mudou, porque passamos a ter liberdade e as reuniões (e as decisões!) passaram a envolver apenas os diretores-executivos do AlfaCon: eu, Jadson, Javert e um, que era executivo do grupo investidor. O negócio começou a fluir!

Foi no começo de 2013 que o AlfaCon virou uma empresa grande, de capital aberto, auditada por consultorias importantes todos os trimestres. A transparência dos nossos dados era fundamental, porque nossas ações estavam na bolsa de valores e os sócios acionistas precisavam acompanhar.

Um NÃO só funciona se você aceitar esse NÃO!

E a grana, Evandro?

O valor que recebemos da fusão de empresas nos deixou *cheios da grana*. Mas se você pensa que gastamos tudo com viagens, carros e apartamentos, você se enganou. Pegamos todo esse dinheiro, pagamos as dívidas e reinvestimos no próprio negócio, principalmente no on-line. A meta era crescer e expandir! Para completar, compramos parte dos Colégios Alfa e nos tornamos sócios. Passamos a ser sócios do curso presencial, sócios do curso on-line e sócios dos colégios.

A partir daquele momento, começamos a voar muito alto e não paramos mais. Caímos para dentro do trabalho e não havia final de semana ou feriado no meu vocabulário. Imagine a "confusão": eu era sócio no curso preparatório on-line, no curso preparatório presencial, nos colégios e servidor público.

O amadurecimento de uma empresa

Em franca expansão nos negócios, vimos o número de alunos explodir. O espaço emprestado em Cascavel para o curso presencial já não nos comportava mais. Começamos a planejar uma mudança e a buscar um local próprio para nos dedicar à preparação para concursos públicos. Em dezembro de 2015, inauguramos a atual sede do AlfaCon.

O prédio de três andares abriga todos os setores da empresa, três estúdios e quatro salas de aula.

Mudanças à vista!

O AlfaCon estava indo de vento em popa e eu vivia uma rotina insana de trabalho, com filho pequeno em casa – Danilo, meu caçula, nasceu em fevereiro de 2015 –, e precisei pensar no que fazer com o meu trabalho como agente penitenciário.

Estava muito difícil me dividir entre a penitenciária, dar aulas, cuidar do gerenciamento do curso e ser pai de família. Foi um período em que eu dormia muito pouco, não me exercitava e me alimentava bastante mal.

Os erros na penitenciária inevitavelmente começaram a acontecer e fiquei enrolado até o pescoço com os chamados processos administrativos disciplinares (PADs).

Além disso, o excesso de trabalho começou a cobrar seu preço. Eu ficava doente a toda hora e, por consequência, precisava tirar licenças médicas com alguma frequência. Toda vez que o médico da penitenciária me afastava por doença, ele dizia: "Você está muito estressado. Precisa relaxar!".

Enquanto a penitenciária me estressava, nada me relaxava mais do que dar aulas. Então, cada vez que eu me afastava da penitenciária, corria para o curso.

Entendi que estava chegando a hora de escolher, para o meu próprio bem. Não era mais possível me dividir, porque o AlfaCon estava grande demais e precisam de mim ali.

Assim, pedi exoneração do Depen em 2015 e, no dia 25 de maio, deixei o serviço público. Passei a me dedicar integralmente ao AlfaCon e ao *Fábrica de Valores*.

Mente sã e corpo são

Minha saúde estava em frangalhos depois de tanto trabalho, estresse e poucos cuidados comigo mesmo. Uma hérnia de disco foi a gota d'água para o meu corpo sucumbir. Quando veio a crise, ninguém sabia o que eu tinha e esperamos pelo pior, antes do diagnóstico final.

O médico que me acompanhou deu um ultimato: ou eu mudava de vida e introduzia uma rotina mais regrada, com exercícios físicos e boa alimentação, ou acabaria na mesa de cirurgia. Foi aí que dei outra grande virada na minha vida: minhas saúdes física e mental entraram na lista de prioridades, passei a me exercitar diariamente (musculação e cardio em jejum) e a seguir uma dieta específica. Os resultados não demoraram a aparecer e comecei a me sentir muito mais saudável.

Aprendi que ser bem-sucedido também é encontrar um equilíbrio entre o corpo e a mente.

Em retrospectiva, posso dizer que, em 2007, abri meu primeiro negócio, não ganhei nada e precisei fechá-lo. Em 2009, abri o segundo negócio, mas, dessa vez, tomei um baita prejuízo. Era servidor público, mas tive que vender carro e moto e pegar dinheiro emprestado para pagar as dívidas e manter o negócio funcionando.

Levei alguns tombos, fiquei na merda, mas não desisti. Eu sempre acreditei no meu sonho e nenhuma queda seria capaz de me fazer recuar. Cada derrota me deixou apenas mais experiente e mais entusiasmado. Eu queria ser dono do maior curso preparatório para concursos públicos do país e, por meio da educação, transformar a vida de milhares de pessoas. Não parei até conseguir fazer dar certo.

Separei alguns fatos importantes que marcaram a expansão do AlfaCon e foram pontos de transformação.

2011

Criação do canal *Fábrica de Valores* no YouTube.

2013

Invadimos o principal centro corporativo da América do Sul: São Paulo. Alugamos um espaço para inaugurar a sede de mais um curso presencial. Buscamos o melhor em termos de parceria, equipe e tecnologias.

2014

Profissionalização de materiais: qualidade de conteúdo, projetos gráficos qualificados e textos impecáveis.

Centro de Distribuição AlfaCon – espaço de 1.000 metros quadrados para depósito e distribuição mensal de 100 mil materiais, que abastecem 250 lojas em todo país.

2015

Inauguramos nova sede em Cascavel/PR. Ambiente com amplo espaço para alunos e colaboradores.

2016

Chegamos ao Nordeste. O curso "Agora Eu Passo", parceiro em Fortaleza/CE, torna-se parte do AlfaCon.

2017

Nosso primeiro centro de treinamento em construção em Cascavel, incluindo o "Cantinho de Estudos", com espaços individuais e silenciosos para estudos, uma biblioteca e monitores à disposição.

AlfaCon com espaço próprio em São Paulo.

2018

Recebemos a certificação *Great Place to Work* (GPTW), que reconhece empresas que valorizam seus colaboradores.

Inauguramos a central de vendas com mais de 200 colaboradores.

Começamos a viajar por todo Brasil para estar com os alunos. Foram 11 missões e mais de 15 mil alfartanos!

Chegamos a 1 milhão de inscritos no canal *AlfaCon* no YouTube.

2020

Realização do primeiro programa de Produtividade e Alta Performance (PAP).

Chegamos a 2 milhões de inscritos no canal *AlfaCon* no YouTube.

Inauguração da nova sede da Editora AlfaCon em São Paulo.

2021

Como estratégia de negócio, o AlfaCon deixa de fazer parte de um grande grupo educacional.

Lições aprendidas

Toda a minha trajetória como empreendedor me trouxe importantes lições, que compartilho agora com você.

»   Ser bem-sucedido no seu negócio não é automático.

»   Com o tempo, a experiência e os vários tropeços, você vai aprendendo sobre o seu *business*.

»   É normal não saber tudo no começo. Você só não pode desistir.

»   É fundamental ter paixão, mas você também precisa conhecer a parte técnica ou ter sócios que sejam especialistas.

 ## On-line

Assista ao documentário *O prefácio do menino que pensou grande*, em que conto a minha história.

Posicione seu celular para ler o código QR Code.

PARTE 2

COMEÇANDO A SUA JORNADA EMPREENDEDORA

CAPÍTULO 9

Raio X do Empreendedor

Ninguém nasce pronto para coisa alguma e isso inclui ser empreendedor. Como conversamos anteriormente, eu tinha uma paixão bem-definida quando decidi ser empresário, mas não tinha conhecimentos técnicos para tomar decisões racionais e embasadas em dados, números e fatos. Meu primeiro curso faliu e o segundo foi pelo mesmo caminho.

Hoje, sou um empresário experiente e bem-sucedido, que domina a arte de passar em concursos públicos, justamente o segmento da minha empresa.

A partir de agora, proponho algumas questões importantes para você refletir antes de começar a sua nova jornada. **Um empreendedor precisa conhecer bem o segmento no qual pretende investir, mas também precisa saber identificar quais são suas habilidades emocionais, suas qualidades, suas fraquezas, seus objetivos e o seu grau de disposição para arriscar.**

Se você quer começar a empreender e ganhar dinheiro com seu negócio, existem três pontos que você deve levar em consideração.

1. Faça o que você entende.
2. Faça o que você ama.
3. Faça com conhecimento técnico.

No momento em que a vontade de empreender começou a pulsar em mim, não tive dúvidas de em qual área eu investiria. Mudar a vida das pessoas por meio da educação é a coisa mais gratificante para mim.

Conforme comecei a trilhar esse caminho, fui dando de cara com obstáculos que eu não conhecia. Por isso, precisei me dedicar a muitas horas de estudo, mentorias, treinamentos e aprendi a desenvolver a habilidade de ter *paciência*. Ter a humildade para aprender com os bons exemplos é fundamental em situações como essas!

Para me ajudar a identificar minhas habilidades e desenvolvê-las para ser bem-sucedido, criei uma fórmula que chamei de **QI + 4º GRAU + QE**. O objetivo era desenvolver importantes aspectos da minha inteligência e me preparar para ser um profissional de alta performance. Os resultados positivos não demoraram a aparecer.

QI + 4º GRAU + QE		
QI	**4º GRAU**	**QE**
Coeficiente de inteligência	**Estudo continuado**	**Coeficiente emocional**
Nível de capacidade cognitiva de um indivíduo.	Estudo e aprendizado continuados, por meio de leitura, filmes, palestras, documentários etc. Sugestões de leitura: livros sobre empreendedorismo de Jorge Paulo Lemann, Abilio Diniz, entre outros.	Conjunto de habilidades emocionais como empatia, autoestima, autocontrole, autoconfiança, afabilidade, automotivação, resiliência e autoconhecimento. Para o psicólogo estadunidense Daniel Goleman, autor do livro *Inteligência Emocional*, o QE é o principal responsável pelo sucesso de uma pessoa.

Se você usar essa fórmula como base para a sua vida, garanto que vai alcançar o sucesso de forma objetiva e fazer entregas acima da média.

Ressalto também que é fundamental ao empresário trabalhar com afinco para desenvolver seu QE. Na minha lista de prioridades a serem trabalhadas, estão:

- » autocontrole;
- » paciência;
- » automotivação;
- » disciplina;
- » escuta empática (saber ouvir).

Que tipo de mudança você está buscando?

Antes de começar a sua jornada, é fundamental que você consiga identificar se está em busca de uma mudança pessoal, profissional ou ambas.

Cada passo bem-sucedido vai depender da forma como você mapear o seu caminho, determinar os seus objetivos, identificar os percalços e, principalmente, entender como vai encarar a caminhada.

O processo de mudança é lento, muitas vezes confuso e costuma ser demorado. É preciso ter muita perseverança, automotivação e paciência. É muito comum que as pessoas desacreditem – até mesmo riam – de suas ideias quando você as compartilha. Por isso, *é fundamental que você tenha 100% de certeza do que quer.* Dessa forma, a opinião dos outros se torna um mero incômodo, não uma barreira.

Também é importante que você esteja preparado e disponível para se debruçar sobre livros, cursos e palestras e estudar em todos os momentos possíveis. Esqueça os sábados, domingos e feriados! Quanto mais informação você tiver a respeito do seu negócio, de como montar e tocar uma empresa, maiores serão suas chances de não sucumbir no primeiro obstáculo (acredite, serão muitos).

O caminho para o sucesso não é uma linha reta. Você verá que existem altos e baixos, curvas e ladeiras, e você precisará estar pronto para conseguir avaliar e reavaliar os rumos que o seu negócio está tomando .

Espírito do empreendedor

Empreender significa arriscar-se. É sair da zona de conforto, abrir mão da carteira de trabalho (CLT), abandonar o horário fixo, deixar de ser empregado de alguém. Com o seu negócio, você tem a possibilidade de abrir uma empresa e implementar uma nova cultura, diferente de tudo o que já existe por aí. É uma aposta!

Enquanto empresário, sou do tipo apaixonado. Eu acredito que a paixão nos move e nos ajuda a seguir em frente, mesmo quando a vida nos puxa para baixo. Muita gente me pergunta por que trabalho tanto e com tanta paixão! A resposta é simples: eu me dedico tanto porque tenho um sonho grande! Assim como eu tinha um sonho há anos, quando era PM do Rio de Janeiro. Meu sonho nunca foi enriquecer, mas ter uma vida digna e ser reconhecido como uma referência pelas pessoas que amo!

Sua paixão também será sua mola impulsionadora quando questionarem sua vontade de abandonar o conhecido para se aventurar. Nem sempre essa decisão de começar seu próprio negócio é popular, especialmente entre familiares e amigos. Em geral, as pessoas querem viver o imediatismo e se manter em segurança, mas sem nenhum tipo de alicerce. Quando alguém do grupo surge com ânsia de realizar sonhos e mudar de vida, preste atenção: é comum ser chamado de louco, ovelha negra, irresponsável. Não caia nessa! **Não ouça pessoas derrotistas que desejam apenas enfraquecê-lo. Tenha tesão para mudar de vida!**

Lembre-se: você é o fruto da seis "pessoas" com quem se relaciona (cinco pessoas + a internet). Se você anda com cinco amigos fracassados, você será fracassado. Já a internet, se não for usada como ferramenta para o crescimento pessoal e como fonte de estudos, se transforma num espaço onde você perderá tempo útil de vida. Utilize seu tempo para produzir algo de valor!

*Em sua **Filosofia do Sucesso**, Napoleon Hill afirmou: "Se não pensar 'quero a qualquer custo!', não conseguirá nada. Mesmo que você queira vencer, mas pensa que não vai conseguir, a vitória não sorrirá para você." É bem isso. Meta as caras e vá atrás do seu objetivo!*

Por outro lado, se você andar com gente incrível, você será incrível. Cole nos caras grandes, nas pessoas que fazem sucesso. Se você não correr atrás para ser bom como seus companheiros, eles vão chutar você do grupo!

Qual é a sua paixão?

Outro ponto fundamental na jornada do empreendedor é descobrir qual é a sua paixão. Ninguém deve se arriscar a abrir um negócio em uma área de que gosta mais ou menos. As chances de afundar são imensas!

No dia a dia como empresário, muitas coisas dão errado, você passa por crises e tem dúvidas. Mas quando você ama o seu negócio, você naturalmente se esforça para encontrar soluções para os problemas e esses momentos passam. Você dorme tarde, acorda cedo e, mesmo cansado, sai da cama porque a paixão é motivadora.

Quando eu estava planejando a criação do *Fábrica de Valores*, em 2011, pensei: *o que eu quero com esse empreendimento?* A resposta não demorou a vir: **quero transformar a vida das pessoas**. Nesse novo negócio, eu não vendo cursos preparatórios. Eu ensino como mudar de vida com base em cinco eixos, e o empreendedorismo está na vertente da mudança pessoal.

A paixão vai ser o grande motivador e o principal guia da sua jornada rumo ao sucesso.

 **Atividade • Mapeando suas paixões**

Vamos fazer um exercício! A partir dele, você começará a se autoconhecer para, então, poder planejar melhor seu futuro. Descreva qual é a sua grande paixão. (Se você tiver mais de uma, inclua-a na lista.)

———————————————————————

———————————————————————

———————————————————————

———————————————————————

———————————————————————

Com base na paixão identificada, que tipo de empreendimento combinaria com você?

———————————————————————

———————————————————————

———————————————————————

———————————————————————

———————————————————————

Perfeito! Agora que você descreveu suas paixões, comece a pensar no que quer realizar. Sim, todo mundo quer realizar alguma coisa. Se você não quer realizar nada, desculpe-me, mas tem algo de errado com você. Provavelmente, você está no grupo das pessoas acomodadas. Ou medrosas. O tipo de pessoa que aceita com gratidão qualquer coisa que a vida oferece, porque acha que não tem capacidade ou merecimento de ter mais. Se esse é o seu caso: acorda para a vida, porra! Não queira ficar nesse lugar pequeno e desconfortável! A vida é curta demais! E isso não é clichê. Você não pode perder tempo com o que o deixa infeliz. Não aceite ser infeliz, não tope ser medíocre. Isso é muito doloroso! Quem determina até onde você pode chegar é você mesmo.

Qual é o tamanho do seu sonho?

Empreender dá muito trabalho e exige 100% de dedicação. Por isso, se você quer ser dono do seu negócio, pense grande e planeje coisas grandes! Abrir um mercado ou uma quitanda dá o mesmo trabalho. Então, por que não optar pelo negócio mais promissor?

É do espírito do empreendedor não se contentar com o que a vida apresenta. Como eu contei no capítulo extra, disponibilizado online, ser soldado da PMERJ em Barra do Piraí já me garantiria um baita *status*. Na carreira policial, a pessoa que conseguisse chegar a ser oficial já teria possibilidade financeira de comprar uma casa própria em bairro de classe média. Quantas vezes nós ouvimos de amigos e familiares: "Você nasceu sem dinheiro. Faça uma faculdade para poder ter uma casinha, um carrinho, uma aposentadoria!"?

Para algumas pessoas, a casinha, o carrinho e a aposentadoria fazem parte de um sonho de normalidade e estabilidade. Mas, no meu caso, eu não queria essa vida para mim e nunca aceitei que a minha realidade – uma base de estudos ruim, pai taxista, cidade do interior

– determinasse meu futuro. Você é do tamanho do seu sonho! Não é porque sua família não tem dinheiro que você não poderá ter. **Você pode se destacar, sim.** Você pode ser um servidor público federal. Você pode ser empreendedor. **Você pode ser o que quiser!**

Sou muito fã do empreendedor chinês Jack Ma, fundador da gigante de *e-commerce* Alibaba. Em uma entrevista ao jornalista estadunidense Charlie Rose, Ma disse: "Falhei duas vezes no teste da escola primária, falhei três vezes no teste do Ensino Fundamental, falhei duas vezes no vestibular e, quando me formei, fui rejeitado por mais vezes. Eu fui o único entre cinco candidatos à Força Policial a ser rejeitado e o único dos 24 candidatos a gerente do KFC a ser rejeitado. Eu me candidatei a Harvard dez vezes, fui rejeitado dez vezes e eu disse a mim mesmo que 'algum dia eu deveria ensinar lá'."

A Alibaba foi criada no ano 2000, mas só em 2005 teve o primeiro aporte financeiro: US$ 1 bilhão investidos pelo Yahoo! em troca de uma participação de 40% na empresa.

Persistência e paciência são as palavras de ordem!

O meu sonho é – sempre foi – muito grande. Como diz o empresário Jorge Paulo Lemann, "sonhar grande ou sonhar pequeno dá o mesmo trabalho", então, eu não me permito querer o mínimo! Todos os dias eu acordo com a certeza de que vou me dedicar mais do que me dediquei no dia anterior.

Uso minha vida como exemplo, porque estamos falando aqui de pessoas normais, que sonham em ter uma boa casa, um bom carro, pagar uma boa escola para seus filhos, fazer lindas viagens e cuidar da família da melhor forma possível. Eu batalho todos os dias para ter tudo isso e para ser a inspiração de pessoas normais, principalmente aquelas pessoas que são desacreditadas, criticadas e que estão na merda.

Você conhece a *Teoria do Homem de Sábado*? É aquele sujeito que trabalha de segunda a sexta-feira, ganha pouco e está satisfeito. Para ele, sábados e domingos são para dormir. É essa pessoa que você quer ser?

A gente não pode ficar parado e deixar a vida escolher por nós. Pegue a caneta da sua vida e comece a escrever sua história.

Atividade • Mapeando seus sonhos

Descreva o que você quer realizar em 5 anos.

_____

_____

_____

_____

_____

Descreva o que você quer realizar em 10 anos.

_____

_____

_____

_____

_____

A importância do propósito

De acordo com uma pesquisa realizada pela Universidade de Princeton, nos Estados Unidos, e pela University College London, na Inglaterra, as pessoas que têm um ou mais propósitos na vida – não importa se é família, carreira, estudos ou filantropia – apresentam 30% menos chances de morrer do que as que se sentem inúteis e dispensáveis.[1]

---

1 Estadão. *Ter um propósito aumenta a expectativa de vida*, diz estudo. 16 nov. 2014. Disponível em: http://bit.ly/3qtDOzj. Acesso em: 24 mar. 2021.

Empreender e liderar o seu negócio não está relacionado apenas com quem você é, com o que você gosta, nem com seus talentos inatos. É uma questão de atitude e de se prontificar a cumprir uma missão. Isto é, tem a ver com seus *propósitos* e as transformações que você quer promover com o seu negócio.

No livro *Felicidade Construída – Como encontrar prazer e propósito no dia a dia*, Paul Dolan fala que, **se você quer ser feliz, tenha um propósito na sua vida**. Em uma passagem, o autor diz: "Felicidade são experiências de prazer e propósito ao longo do tempo."

Agora, imagine o quão gratificante é trabalhar exatamente com o que você ama (*prazer*) e saber que, no seu empreendimento, você é agente modificador da vida de muitas pessoas (*propósito*). Por isso, eu já disse: dinheiro precisa ser consequência, não o fim. Ser rico pode fazer você pensar que é mais feliz, mas não faz você necessariamente se *sentir* feliz. O propósito precisa vir em primeiro lugar. **Ter dinheiro é bom, mas mudar a vida das pessoas, por exemplo, é muito melhor.**

Quando for fazer algo, faça bem-feito. O dia a dia pode ser sofrido, mas você vai sentir a sensação de dever cumprido. Transforme-se no leão que briga pela caça! Você não pode – e não merece – perder tempo com o que o deixa infeliz e sem motivação para acordar cedo pela manhã. Isso é muito doloroso. Queira deixar um legado: qualquer transformação que você provoque na vida de uma pessoa por meio do seu trabalho já está valendo.

Não viva sem um propósito.

Atividade • Mapeando seus propósitos

Quais são seus principais propósitos de vida?

_____

_____

_____

—————————————————————————

—————————————————————————

Quais são seus principais propósitos profissionais?

—————————————————————————

—————————————————————————

—————————————————————————

—————————————————————————

—————————————————————————

Até onde você está disposto a ir?

"Todos querem ir para o céu, mas ninguém quer morrer." Esse provérbio é muito falado entre os CEOs estadunidenses e faz todo o sentido: muitos querem enriquecer e ser bem-sucedidos, mas nem todos querem pagar o preço. Ter seu próprio negócio e fazê-lo crescer significa abrir mão de coisas importantes da vida, como convívio familiar e social; perder dinheiro, para voltar a ganhar anos depois; não ter um salário fixo no final do mês; não ter plano de saúde empresarial ou um plano de previdência privada.

Observo que muitas pessoas até têm desejos, mas não sabem priorizar ou focar. Gastam horas do dia conectadas em redes sociais, pesquisando besteiras, escutando coisas improdutivas e tomando conta da vida de outras pessoas, quando deveriam estar batalhando pelo próprio sucesso.

Comece a traçar metas bem-definidas, bem-planejadas e com prazo estipulado. Você precisa saber para onde está indo! A escritora Clarice Lispector tem uma frase em que diz: "Perder-se também é caminho." Concordo, desde que você tenha 13 ou 14 anos e seja um adolescente tomado por hormônios em ebulição. Se você está na faixa dos 20, 30, 40 ou 50 anos, desculpe, mas você não tem mais tempo a perder.

O grande problema é que a gente cresce e passa a aceitar a mediocridade. Você sonha e, pelo meio do caminho, você se perde. O que acontece agora que você é adulto, depois dos 20 ou 25 anos?

Você tem duas opções pela frente: ser foda ou ser medíocre. Não existe meio-termo. Mas acredite em mim: 95% das pessoas vivem na mediocridade e duvido de que tenha algo de bom lá.

Observe sua história de vida e suas experiências de forma generosa e use os aprendizados como uma vantagem para correr atrás do sucesso, independentemente da sua idade.

Por que mudar?

Em geral, uma mudança profunda se dá por dois motivos: inspiração ou desespero.

Quando olhar para trás na sua vida, você irá se arrepender principalmente do que *não fez*. Logo, não procrastine! Vire o jogo da sua própria história. **Aprenda a tratar melhor seu dinheiro, trabalhe forte seu equilíbrio emocional e desenvolva bons relacionamentos.**

As pessoas não entendem quando você quer ser diferente do seu ciclo, por isso, você precisará ter muita força interna para vencer.

Por que decidi empreender?

Ter uma empresa é uma das coisas mais gostosas do mundo. **Você não faz a empresa crescer, você faz as pessoas crescerem**, e são as pessoas que fazem a empresa ficar grande.

Mas é fundamental ter consciência de algumas coisas, para não tomar decisões apressadas e equivocadas enquanto empreendedor: em menos de 10 anos de empresa, não se resolve nada; se você quiser fazer sucesso de verdade, são 15 anos de empresa. Sucesso no Brasil, de fé e fato, são 20 anos fazendo a mesma coisa, com mais de 10 mil horas em cima do mesmo objetivo, sem mudar o foco de jeito nenhum, dormindo à meia-noite e acordando às 5 horas da manhã.

Então, antes de começar, você precisa se perguntar: eu estou disposto a isso?

Fico muito irritado quando as pessoas dizem: "Evandro, você é muito foda! Você é diferente." Ninguém vê como foi o meu começo, só focam no final! A diferença é que eu me dedico ao trabalho por longas horas diárias, estudo pra caramba, durmo tarde e acordo cedo. Todo o dinheiro que eu ganho, reinvisto nas empresas, não saio gastando por aí sem freio.

É muito gratificante para mim estar em contato você, uma pessoa que não nasceu no seio da minha família, que provavelmente não conheço, mas terei a oportunidade de ajudar por meio das minhas experiências e dos meus exemplos. Essa é a melhor sensação do mundo.

Acordar para vencer na vida é o segredo do sucesso

Vamos lá, está na hora de começar a sair da inércia. Não interessa se você gosta de dormir tarde: coloque o despertador para tocar cedo, porque, como já diz o ditado, "Deus ajuda quem cedo madruga".

Para iniciar essa nova jornada, você já entendeu que precisa descobrir quais são suas paixões e seus propósitos. Parece fácil, mas não é. Está na hora de focar a sua energia.

Dando sequência à sua caminhada de sucesso, você vai precisar trabalhar duro para mapear suas habilidades, seus gostos, suas dificuldades e, principalmente, identificar quais são os seus sonhos.

Você é o único responsável pelo seu destino. É você que escolhe desistir ou seguir em frente. É você que queima de paixão ou morre de medo. Por isso, não seja fraco. **Corra atrás do que faz você vibrar!**

Agora, eu quero que você repita para si mesmo até começar a acreditar:

Sou eu que escrevo o meu destino. Estou à frente da minha vida e, a partir disso, tudo vai acontecer.

Ao longo dos anos, nunca deixei que um obstáculo me impedisse de realizar meus sonhos. Tudo na vida tem que ter um dono, e ser dono do próprio destino é o elemento decisivo. É o que separa quem terá sucesso de quem levará, para sempre, uma vida medíocre.

Lembre-se: **não existe sucesso sem ação**. Logo, não ore por coisas. Ore por *sabedoria* e *coragem* para seguir firme e forte, sempre alerta para desviar quando a vida vier com um soco de direita.

Boas práticas do homem de sucesso

Desenvolvi uma série de atitudes de sucesso que transformaram o meu dia a dia e me deixam focado no que realmente importa. Compartilho com você a seguir.

Planejamento	Planeje seu dia, sua semana, seu mês. Saiba ter uma visão de curto, médio e longo prazos.
Boas práticas	Desenvolva práticas e bons hábitos que alavanquem sua vida e seus conhecimentos.
Acorde e agradeça	Tenha um ritual de gratidão ao acordar, imaginando todas as coisas boas que você vai realizar naquele dia.
Vença o despertador	Se você não conseguir vencer o despertador, como vai vencer todo o resto?
Mente leve e saudável	Mantenha os pensamentos positivos.
Não perca tempo com bobagens	Desligue a TV e desconecte-se das redes sociais.
Exercite-se mais	Mantenha o corpo em movimento. Além de ser bom para a saúde, ajuda a arejar a mente.
Estude sempre	Você nunca saberá tudo o que precisa. Invista seu tempo em você!
Leia e escreva	Ler ajuda a ampliar os horizontes, enquanto escrever ajuda a organizar as ideias.

 **Atividade • Identificando suas metas de vida**

Descreva três metas para o primeiro ano de empresa e o que você estaria disposto a fazer para implementá-las.

_____

_____

_____

_____

_____

O que estou disposto a fazer para sair da mediocridade? Descreva como você planeja implementar essas mudanças.

_____

_____

_____

_____

_____

Quais riscos você está disposto a correr?

Empreender não é brincadeira. Nem no começo, nem nunca. Ao longo da sua jornada como empreendedor, você vai encontrar mais obstáculos do que prêmios; vai ter mais prejuízos do que lucro (pelo menos, nos primeiros anos de empresa), correndo até o risco de falir! É possível que se decepcione com seus sócios. Vai precisar estar tão focado no dia a dia dos negócios, que inevitavelmente perderá festinhas de família, datas comemorativas, aniversários. Terá que se ausentar da vida familiar por causa de viagens, reuniões extensas ou problemas de última hora no escritório.

E, por fim, nem sempre o *seu* sonho será o sonho das pessoas com quem você convive e você precisará lidar com isso.

Tudo o que descrevi aconteceu comigo. Quando o AlfaCon começou a deslanchar, fiquei tão absorvido pelo trabalho, que praticamente me mudei para o escritório. Meu casamento e meu relacionamento com minha filha ficaram muito prejudicados. Passei por uma crise séria com a Taty, a ponto de nos separarmos por um período, mas conseguimos dar a volta por cima. Hoje, minha vida familiar está mais forte do que nunca, mas tive que aprender a encontrar um meio-termo entre a vida de empresário e a vida em casa. Facilitou, claro, o fato de minha esposa e minha filha atualmente trabalharem comigo.

Desistir nunca pode ser uma opção

Durante minha trajetória profissional, passei por muitas situações em que eu poderia ter jogado a toalha e me permitido simplesmente desistir. Mas optei pelo caminho contrário. Sempre busquei alimentar os sentimentos de otimismo, perseverança e esperança dentro de mim, para que eu conseguisse enxergar cada rasteira como uma oportunidade de crescimento pessoal e profissional.

Por mais dolorido que seja, são nossas derrotas e quedas que nos forjam. Eu caí muitas vezes, tive muitas decepções e frustrações, passei por muitos prejuízos, mas não permiti que essas situações acabassem com o meu sonho. É fundamental que você tenha 100% de confiança no seu projeto, para que ele não sofra abalos enquanto você está subindo a montanha para chegar ao topo. Como eu sempre digo, é na subida que a canela engrossa!

Como já falei, empreender não é para qualquer pessoa, então, se você busca alguma das situações a seguir, pare agora mesmo e repense se empreender é para você.

> » Estabilidade profissional.
> » Plano de saúde, seguro social e outros benefícios.

- » Férias a qualquer momento do ano.
- » Salário fixo no final do mês.
- » Hora para entrar e hora para sair.

Conheça o seu negócio

Se você não conhece o negócio em que deseja investir, o fracasso é praticamente certo.

Vamos a um exemplo prático. Pense em Mel, uma médica veterinária que decidiu abrir seu próprio negócio. Para começar, Mel precisa avaliar qual é a sua área de conhecimento, ou seja, sua expertise. De forma bem simples, ela pode responder: *sei cuidar da saúde dos animais de estimação*. Então, o mais natural seria pensar em abrir um petshop, certo?

Agora, imagine que Mel sabe tudo sobre bichos, mas decide abrir uma empresa de reformas de casa, porque adora programas de TV do tipo *Extreme Makeover* e *Irmãos à Obra*. Ela não tem nenhum conhecimento técnico na área de construção civil ou arquitetura, não sabe nem o que é preciso para começar, mas quer arriscar mesmo assim.

O que eu teria para dizer à Mel nesse caso? Não é porque você gosta de determinada área que você será bem-sucedida se decidir empreender nela. Boa vontade não é o suficiente!

Imaginemos agora que Mel raciocina de forma lógica e prudente e decide abrir um *petshop*. Para começar, o negócio tem tudo a ver com sua área de conhecimento. Mel, porém, é especialista em castração de cães, mas não entende nada de administração de empresas. Logo, qual seria o segundo passo ideal? Associar-se a pessoas bem qualificadas que entendam de administração, marketing e tecnologia, por exemplo.

Quando decidi abrir meu primeiro curso preparatório para concursos públicos, eu já sabia dar aulas e era apaixonado por transformar a vida das pessoas. Mas eu não sabia como gerenciar o negócio. Mais tarde, já no AlfaCon, eu me associei a duas pessoas – Jadson e Javert – que tinham experiência em outras áreas fundamentais para o negócio e, assim, nós nos complementamos. Vou falar mais sobre isso em breve.

Calos mentais e crenças limitantes: como você boicota o seu sucesso

Você já ouviu falar em *calos mentais* e *crenças limitantes*? Ainda crianças, começamos a ser programados a acreditar em diversas "verdades" que passam de geração a geração.

O problema é que essas supostas verdades podem influenciar muito nosso comportamento e nossos sonhos. Por exemplo: *nasci em uma família pobre, serei pobre a vida toda*. Ou *se eu não fizer faculdade, só terei subempregos*. Não! Isso costuma ser ainda mais comum em pessoas das classes C, D e E, como era o meu caso.

Na infância e adolescência, eu fazia parte de uma família da classe D e vi meu pai, que só cursou até a quarta série do Ensino Fundamental, dar o sangue no trabalho de taxista para conseguir nos sustentar.

Apesar de ouvir que eu poderia ter uma casinha, um carrinho e um empreguinho, eu nunca aceitei que aquele seria o meu destino. Eu não queria nada "inho". Queria coisas grandes!

Outro exemplo muito comum: ouvi bastante que eu não era muito inteligente, tinha sido reprovado e só fiz faculdade porque esse era o rumo natural da vida. Essas "verdades" podiam ter me travado, mas eu entendi que só dependeria de mim acreditar ou não nessas crenças limitantes!

Quando você consegue superar as crenças limitantes (os absurdos que falam sobre nós mesmos e acreditamos), podemos desenhar a história que desejamos.

Como este tema é muito importante, vamos aprofundar.

- » **Calos mentais:** pseudoverdades que as pessoas enfiaram na sua mente e você acredita. Por muito tempo, eu acreditei que eu não era muito inteligente. Peguei esse calo mental e expurguei. Eu quis vencer!
- » **Crenças limitantes:** é tudo aquilo que você acredita sobre você mesmo e trava seu desenvolvimento. Por exemplo:
  - » Eu sou tímido, não consigo falar em público.
  - » Sou burro, não aprendo nada.
  - » Isso é muito distante do que eu quero para a minha vida.

Um exemplo muito comum em nossa sociedade é a criminalização do sucesso. Isso significa ter raiva de pessoas que são bem-sucedidas. Muitas pessoas passam por dificuldades financeiras, assim como eu passei até os meus 31 anos, e acham que todas as pessoas que têm uma situação melhor não prestam. Cuidado com esse pensamento! Para chegar ao sucesso, uma pessoa geralmente passa por muitos obstáculos até ser bem-sucedida. Veja o quadro todo, não apenas a pintura final!

Escolha quem você quer ser: leão, elefante ou hiena?

O mestre brasileiro de jiu-jitsu Carlson Gracie (1939-2006) tinha uma frase que levo para a vida: "Se você quer ser um campeão, lembre-se: leões andam com leões, hienas com hienas e elefantes com elefantes. Eles não andam juntos."

Na vida, podemos ser como leões, elefantes ou hienas. A escolha é sua! Logo, trabalhe para se tornar um leão. Leões são fortes, agressivos, decididos. Elefantes são animais de manada, que vivem para seguir uns aos outros. Já as hienas são animais que estão sempre à espera dos restos mortais de animais que os leões caçaram e comeram.

Nessa metáfora, podemos dizer que as hienas são as pessoas que falam mal de tudo, o tempo todo, sempre à espreita dos restos. Em vez de correrem atrás da própria caça, se contentam com o que sobra.

Seja um leão – forte e decidido – e esteja cercado por pessoas como você.

Soluções para descalibrar os calos mentais e as crenças limitantes

» Acompanhe pessoas que fazem sucesso na vida e inspire-se nelas.

» Faça afirmações positivas ao se olhar no espelho: "Eu posso, eu consigo, eu vou vencer."

» Aprenda a visualizar. Por exemplo, feche os olhos imagine onde quer estar daqui a cinco anos e o que pretende conquistar.

» Tenha paciência. Nada cai do céu, então você precisa batalhar. As coisas boas levam tempo!

» Agradeça ao acordar. Com saúde, a gente corre atrás de todo resto.

» A vida é uma folha em branco. Pegue a caneta e comece a redigir sua história. A partir dos 18 anos, você tem livre-arbítrio para fazer o que quiser. Não deixe que outras pessoas escrevam o seu futuro.

» Sempre – absolutamente sempre – tenha esperança. Nenhuma tempestade dura para sempre.

 **Atividade • Identificando os calos mentais e as crenças limitantes**

Descreva quais calos mentais e crenças limitantes impedem que você corra atrás dos seus sonhos.

_____

_____

_____

_____

Proposta de ação: quais atitudes você pode tomar para descalibrar seus calos mentais e suas crenças limitantes?

_____

_____

_____

_____

Automotivação é fundamental

Se você acha que vai se levantar da cama e encontrar alguém pronto para lhe aplaudir por causa de uma ótima ideia, esqueça. A maioria das pessoas não está nem aí para você, enquanto outros vão dizer que você é louco. Infelizmente, é comum não conseguir encontrar companheiros que se motivem junto com você ao longo da jornada.

Dessa forma, é fundamental que você seja o seu principal motivador! Já fui chamado de garoto revelação, mas também já fui muito desacreditado, principalmente no começo. O que eu fiz? Mandei se ferrar! Eu acreditei nos meus sonhos – primeiro, ser policial federal; depois, abrir meu curso preparatório e transformá-lo no principal curso do Brasil – e não permiti que ninguém dissesse que eu estava louco.

É importante frisar que o sucesso não acontece do dia para a noite e a motivação para continuar a jornada tem que vir de *você*. Acredite em mim: vale a pena. Todos os dias eu acordo e mentalizo as minhas metas do dia, do mês, do ano. **Se você pensar grande, vai buscar grande!**

Quando tudo parecer perdido, ter um trabalho que traz propósito para sua a vida vai ser o motor que você precisa para não desistir. Já ouvi algumas vezes: *Ah, se eu tivesse a sua idade, com a sua cabeça, eu seria um sucesso. Teria feito tudo diferente!* Sim, você vai ficar mais velho, então pense no *agora*.

Lembre-se: a motivação só funciona por um tempo prolongado se você tem um propósito.

Ensino Superior não garante sucesso

Estude sempre, o tempo todo, em qualquer tempo livre. Você não vai chegar a lugar algum se não tiver uma atitude humilde de querer aprender. Empreender envolve entender de muitas áreas diferentes da sua empresa e esse conhecimento só é obtido por meio de muita leitura, documentários, filmes, biografias, mentorias.

Mas, Evandro, eu não tenho Ensino Superior. Posso ser empreendedor? Sim, pode. É uma crença limitante acreditar que só pessoas com diplomas de faculdade, MBA, mestrado, por exemplo, podem ter sucesso.

Eu fiz um curso superior bastante ruim, mas não deixei que isso me impedisse de correr atrás do meu sonho de ser professor e ter meu próprio curso preparatório.

Mais do que um diploma, o que importa é a sua *atitude* diante da realidade. É saber que você tem o direito de não aceitar tudo o que a vida oferece. A realidade é sua, logo, você pode fazer o que bem entender com ela!

Caso você não saiba, outros empreendedores de sucesso também não têm (ou tiveram) Ensino Superior, mas são considerados gênios em seus negócios: Thomas Edison, o fundador da General Electric; Henry Ford, fundador da Ford Motor Company; Bill Gates, que criou a Microsoft; Richard Branson, da Virgin; Michael Dell, fundador da Dell Computers; Steve Jobs, da Apple Computers e da Pixar; e Ted Turner, que fundou a CNN.

Se você puder, é claro que sugiro que curse uma faculdade. Quanto mais conhecimento, melhor. Mas o fato de você não ter tido uma boa educação escolar, por exemplo, não significa que você será um adulto fracassado. Arregace as mangas e pare de reclamar!

 **Atividade • Exercício final de autoavaliação**

O objetivo dessa atividade é fazer com que você possa se conhecer melhor e planejar o seu futuro com mais assertividade.
Sua vida está do jeito que você queria? Caso não, o que pode ser diferente?

_____

_____

_____

_____

Você ganha o salário que almejou? Caso não, o que você está disposto a fazer para ganhar mais?

_____

_____

_____

_____

Você tem tudo o que deseja? Caso não, o que lhe falta?

_____

_____

_____

_____

_____

_____

Escreva quem são seus heróis, quais são os profissionais de alta performance que você conhece e faça uma pesquisa.

_____

_____

_____

_____

_____

Como avaliar se há espaço no mercado para o seu negócio

Para explicar essa parte, vamos a um exemplo. Eduardo tem 27 anos e deseja abrir uma bicicletaria em Barra do Piraí, cidade do interior do Rio de Janeiro. Como ele pode verificar se o negócio pode ser interessante? Veja o passo a passo a seguir.

» **Passo 1:** faça uma estimativa de quantas pessoas vivem na cidade de Barra do Piraí. Por exemplo, 102 mil habitantes.

» **Passo 2:** desse total de habitantes, verifique quantos moradores têm bicicleta. Se você não fizer essa análise, poderá criar uma estimativa de consumo equivocada, que a cidade talvez nem suporte. Por exemplo, 20 mil pessoas são donas de bicicletas na cidade.

» **Passo 3:** identifique quantas bicicletarias há na cidade. Aqui, cabe uma observação importante. Por exemplo, se existem 5 bicicletarias na cidade e cada uma já atende a 10 mil pessoas, isso pode significar que o negócio está saturado.

Antes de bater o martelo sobre qual será o seu negócio, é fundamental que você analise o tamanho do mercado em potencial e entenda que você não necessariamente vai atingir todo aquele público que está à disposição.

Não é porque você vai abrir uma bicicletaria em uma cidade onde há 20 mil bicicletas que, no dia seguinte, você vai ter 10 mil clientes. Você vai ter *um percentual* desse mercado.

» **Passo 4:** faça uma estimativa de quantas pessoas precisam conhecer o seu negócio para que um percentual desse grupo vá até o seu negócio.

CAPÍTULO 10

Mitos sobre Ser Empreendedor

Se você está nessa trajetória de planejar seu negócio, é provável que esteja lendo, pesquisando e conversando com outros empreendedores. É muito importante e enriquecedor ouvir histórias de outras pessoas e usar a experiência delas como exemplo. Porém, é preciso ter cuidado, porque muita gente vive em uma realidade paralela. Se alguém disser para você "abri meu negócio, fiquei rico em dois anos e viajo três vezes ao ano para o exterior", é mentira.

Empreender não é nada fácil, muito pelo contrário; demanda muito esforço, dedicação, entrega e renúncias.

Como existe uma romantização enorme em torno do ato de empreender, vamos conversar um pouco sobre os principais mitos que podem prejudicar sua forma de encarar o dia a dia como empresário.

Todo empreendedor é rico e bem-sucedido

Hoje, eu sou milionário, mas levei pelo menos 14 anos para ver a minha empresa começar a dar lucro e com um bom fluxo de caixa. Foram anos até chegar a um patamar como o de 2020, com um fluxo de caixa robusto, em que meu negócio não só sobreviveu à pandemia, como prosperou em um momento em que muitos negócios faliram.

Porém, nem sempre a situação foi como a atual. Durante vários anos, amarguei muitos prejuízos e precisei inclusive vender bens pessoais e pegar empréstimos para arcar com as dívidas causadas pelo meu negócio. Já fali e tive que fechar meu primeiro curso. Ou seja, até você começar a ganhar algum dinheiro, vai ter prejuízos e perder muito. Muito mesmo!

Minha primeira sociedade foi para o ralo porque meu sócio não era uma pessoa paciente. Na cabeça dele, empreender era ganhar dinheiro nos primeiros meses, o que não aconteceu! Por isso, é fundamental que você ajuste suas expectativas.

Já falei e repito: em empresas com menos de 10 anos de vida, praticamente não se chega a lugar algum como empresário. Se você quiser fazer sucesso de verdade, espere pelo menos a empresa completar 15 anos de vida. No Brasil, o buraco é ainda mais embaixo. Sucesso, de fé e fato, só depois dos 20 anos fazendo a mesma coisa, com mais de 10 mil horas em cima do mesmo objetivo, sem mudar o foco de jeito nenhum, dormindo à meia-noite e acordando às cinco horas da manhã *todo santo dia*.

O empreendedor faz o seu próprio horário e tem mais tempo livre para viver

Para que seu negócio comece a prosperar e não desande, é fundamental estar presente no dia a dia da operação, principalmente no começo. Isso não quer dizer que você tenha que pegar todas as atividades para si e fazer tudo sozinho. Não!

Como empresário, é importante saber montar uma equipe de colaboradores competentes e em quem você confie para que você possa delegar tarefas e responsabilidades. O ponto aqui é: **você é o principal exemplo para os seus funcionários**. Se as pessoas souberem que você está na praia em pleno horário comercial, quem vai levá-lo a sério?

A palavra convence, mas o exemplo arrasta.

Depois de muitos e muitos anos de esforço, dedicação, entrega e trabalho incansável, talvez você consiga conquistar uma boa vida, em que possa se dar ao luxo de dar uma escapada para uma viagem de lazer fora do período de férias. Ser dono do próprio negócio e trabalhar para que ele dê certo significa dar o sangue. Nada menos do que isso.

Uma boa ideia é garantia de um bom negócio

Você sabe o quanto vale uma ideia? Zero. Se a ideia é boa, pode ter certeza de que você não será o único a trabalhar nela. Isso quer dizer que, sozinha e sem execução, uma ideia não vale nada. O que realmente importa é o resultado que essa ideia produz, a partir do que o seu time está executando.

Jorge Paulo Lemann, dono da maior cervejaria do mundo (Ab InBev) e sócio do 3G Capital (controlador de redes como Burger King e Kraft-Heinz), é um empresário que me inspira. Ele diz: **"Copie o que funciona."**

Na opinião de Lemann, inovações que criam valor são úteis, mas copiar aquilo que já funciona bem é muito mais prático. Ele complementa, em uma entrevista para a revista *Exame:*[2] "Nossa cultura [da empresa] é formada por coisas que observamos em outros lugares e copiamos."

Levo esse lema para os meus negócios. Não tenho aspiração de criar uma tecnologia que mude o mundo. Prefiro pegar um negócio que já existe (no meu caso, cursos preparatórios para concursos públicos) e, junto com um equipe poderosa, trabalhar para transformá-lo no melhor negócio do país.

---

2 COSTA, J. E.; PUGLIESI, N. Copie o que funciona, como ensina Jorge Paulo Lemann. **Revista Exame**. 16 jan. 2014. Disponível em: https://exame.com/carreira/copie-o-que-funciona/. Acesso em: 16 mar. 2021.

Em termos práticos, vamos imaginar um cantor sertanejo que deseja fazer sucesso. Ele se muda para Porto Alegre na expectativa de fazer uma carreira de sucesso e mudar o cenário musical do país. Quer mudar o mundo no sertanejo? Vá para Goiás. Quer mudar o mundo na tecnologia? Vá para o Vale do Silício. **Não queira ser disruptivo de forma aleatória.** Foque na boa execução das ideias que já existem.

Pontos importantes ao desenvolver sua ideia

Para colocar suas ideias em prática, leve em consideração alguns aspectos:

» **A construção de uma visão.** Pergunte-se qual é o seu objetivo. O meu é mudar a vida dos meus alunos.

» **Projete a companhia como um ente organizacional.** Você não está sozinho. Há diretores e uma equipe inteira trabalhando junto, ou seja, muita gente por trás para fazer o negócio funcionar.

» **Como a empresa vai impactar a vida do próprio empreendedor.** Faça o que você ama, porque você vai ter momentos de muito estresse, mas é preciso ter calma e paciência para passar pelas crises internas.

» **A importância da mentoria especializada.** Mais vale ouvir erros do que acertos. Busque pessoas que têm experiência naquilo que estão falando. Saber a teoria é importante, mas é a prática que transforma. Por isso, adoro empresários como Abílio de Diniz e Jorge Paulo Lemann: eles falam com propriedade porque conquistaram. Além disso, leia muito. Aqui, só ensinamos o que conseguimos efetivamente provar, seja profissional ou pessoalmente. Nós já tivemos empresas que não deram certo e, hoje, podemos dizer para você o que funciona ou não. A teoria é importantíssima, mas experiência é o pai de todas as ações. E quanto mais experiência você tiver, melhor vai saber o que é bom ou não para o seu negócio. Alguém dificilmente vai passar você para trás se você tiver experiência ou fizer uma mentoria especializada com alguém que tenha vivência.

Empreender significa ganhar dinheiro fácil

Muita gente tem o péssimo hábito de olhar apenas para uma parte da pintura, sem considerar o quadro todo. É leviano dizer que um empresário que enriqueceu ganhou todo o seu dinheiro do dia para a noite, depois de investir em uma baita ideia de sucesso. Voltando ao exemplo de Lemann, ele quebrou sua primeira empresa aos 25 anos. Tornou-se o homem mais rico do Brasil apenas aos 73 anos.

Certa vez, gravei um vídeo para o *Fábrica de Valores* em que eu estava no meu *jet-ski*, que custou R$ 100 mil. Eu, inclusive, falo sobre isso no vídeo. Você não faz ideia de quantas vezes fui xingado, inclusive de esnobe. As pessoas ignoram que, até eu conseguir comprar o *jet-ski*, eu quebrei, me levantei, comecei de novo, quebrei pela segunda vez, fiquei todo endividado, ralei pra caramba, abri mão de muita coisa, passei dias e noites dentro do AlfaCon, viajei por inúmeros estados do Brasil para realizar encontros presenciais do *Fábrica de Valores*. **Nada caiu do céu!**

Minha empresa só precisa de mim

Em 2018, recebemos a certificação *Great Place to Work* (GPTW), que reconhece empresas que valorizam seus colaboradores. Isso quer dizer que eu, Jadson e Javert jamais tivemos pretensão de levar o AlfaCon sozinhos nas costas. Estamos sempre em busca dos melhores profissionais do mercado, pagamos salários competitivos, oferecemos benefícios, premiações e treinamentos. Aprendemos na prática que, quando investimos em pessoas, elas se engajam e retribuem à altura.

No AlfaCon, sabemos aproveitar o melhor das pessoas, para que, juntos, possamos atingir resultados excepcionais e sustentáveis. Hoje, por exemplo, temos uma central de vendas que conta com mais de 200 colaboradores. Seria humanamente impossível gerenciar o curso, dar aulas, e ainda ser responsável pela parte comercial!

 **On-line**

Assista ao vídeo *Juntos Somos Mais Fortes*, em homenagem aos funcionários do AlfaCon.

Posicione seu celular para ler o código QR.

Empreender no Brasil e ser bem-sucedido é impossível

O Brasil, de fato, não é o lugar mais fácil do mundo para empreender. A parte tributária é caótica e a burocracia é imensa, mas não é impossível. Sem dúvida, existem países que estimulam o surgimento de startups, microempresas e empresas de médio porte, como o Estados Unidos, onde mais de 51% do Produto Interno Bruto (PIB) é gerado pelas pequenas empresas, enquanto 48% da força de trabalho está empregada nessas mesmas pequenas empresas.

Naquele país, existe uma agência federal chamada Small Business Administration (SBA, ou Administração para Pequenos Negócios, em português) indicada para treinar, preparar, apoiar e qualificar os pequenos empreendedores, além de intermediar financiamentos junto a instituições financeiras.

No Brasil, o Sebrae faz muito bem esse papel. Eles oferecem uma série de cursos, treinamentos e consultoria para os empreendedores, incluindo passo a passo para abrir um novo negócio, empreendedorismo, inovação e marketing.

Outra importante fonte de referência para o novo empreendedor brasileiro é a Endeavor Brasil, uma organização global sem fins lucrativos de apoio a empreendedores.

Uma observação sobre os tributos no Brasil

O sistema tributário brasileiro é um dos maiores entraves ao desenvolvimento dos negócios no país. Atualmente, existem 27.184 normas tributárias em vigor. A Endeavor preparou um relatório chamado *Tributação e Crescimento das Empresas no Brasil* sobre o tema e afirma: "O Brasil apresenta um grande número de tributos, um sistema de cobrança de impostos difuso, uma carga tributária desproporcionalmente alta e um sistema de isenções e benefícios fiscais pouco transparente."

Estima-se que as empresas brasileiras gastam cerca de 1.958 horas/ano (cerca de 80 dias) para pagar seus impostos. O Brasil é o último colocado no quesito de horas necessárias para o pagamento de tributos, quase o dobro do penúltimo colocado, a Bolívia, em que são necessárias 1.025 horas/ano.

Por isso, é fundamental que, ao pensar em empreender, você tenha em sua equipe pessoas especializadas em tributos, que vão trabalhar em uma área chamada *planejamento tributário*. Os principais impostos incidentes sobre bens e serviços pagos por empresários no Brasil são:

ISS	Imposto sobre Serviços de Qualquer Natureza
ICMS	Imposto sobre Circulação de Mercadorias e Serviços
PIS	Programa de Integração Social
Cofins	Contribuição para o Financiamento da Seguridade Social
IPI	Imposto sobre Produtos Industrializados

Eu e meu sócio devemos ser muito parecidos para não dar briga

1. Escolher os sócios de uma empresa é um dos passos mais difíceis, porém mais importantes no momento de empreender. Ter um sócio com a personalidade parecida com a sua não significa que a colaboração vai funcionar.

2. No nosso caso, eu, Jadson e Javert somos muitos diferentes em termos de personalidade e, no começo, tivemos que trabalhar emocionalmente para mudar pontos que geravam grandes conflitos entre nós. O ponto positivo é que temos habilidades complementares, isto é, cada um de nós sabe fazer algo muito bem, o que traz equilíbrio ao negócio. Por fim, temos muita sinergia e temos a mesma ambição de fazer o negócio dar cada vez mais certo.

3. Lembre-se: **a convergência de ideias leva ao caminho certo**. Para que a sociedade funcione, é preciso desenvolver habilidades como escuta empática (saber ouvir) e paciência. Conheça as habilidades das pessoas com quem você trabalha (isso serve para sócios, cargos de gestão ou operacionais).

4. Pela minha experiência, considero fundamental considerar alguns pontos:

» Os sócios precisam ter os mesmos objetivos, a mesma garra para trabalhar e a mesma dimensão sobre o que desejam para o negócio. Se você está disposto a trabalhar 24 horas por dia, 7 dias na semana, não se associe a uma pessoa que se disponibiliza a dedicar-se ao negócio apenas de segunda à sexta, no horário comercial. É preciso saber convergir as ideias para seguir no mesmo caminho!

» Conheça as habilidades dos candidatos a sócios. Por exemplo, suponhamos que você não tenha o perfil de administrador, mas seja especialista em tecnologia. Busque uma pessoa que seja um excelente administrador, para que você possa se dedicar à área de inovação. Isto é, alguém que possa *complementar* as suas habilidades. Se você unir pessoas com perfis profissionais diferentes, pode fazer o negócio decolar.

» Escolha pessoas com quem você tem sinergia e boa comunicação, o que chamamos de escuta empática. Dê valor a pessoas honestas, sérias, éticas e que tenham tanta garra para trabalhar quanto você.

» Divida a área de atuação de cada sócio, tarefas, responsabilidades e horário de trabalho. Tudo deve ficar às claras!

» Defina o valor da retirada pró-labore (remuneração dos proprietários), a distribuição dos lucros e o quanto será reinvestido na empresa. Jamais misture o dinheiro destinado para os sócios com o dinheiro da empresa. Não existe isso de pegar dinheiro em caixa sempre que precisar pagar uma conta pessoal, por exemplo.

» Estabeleça o grau de autonomia de cada sócio e até que ponto cada um pode tomar decisões por conta própria, sem precisar consultar os demais sócios.

» Defina se os sócios podem empregar amigos e familiares na empresa.

» Escrevam juntos os possíveis pontos de conflito que podem ocorrer ao longo da gestão e pensem em soluções.

» Verifique se os sócios não têm pendências com a Justiça, com o INSS, com a Receita Federal e outros órgãos governamentais.

Isso pode prejudicar o acesso a crédito junto a bancos e fornecedores e impedir o registro do negócio.

Para ilustrar, compartilho um exemplo pessoal, que aconteceu quando eu ainda era um dos donos de uma empresa de concursos antes do AlfaCon. Na época, tive um problema sério com um dos sócios. Infelizmente, essa pessoa não entendia o que era ser empreendedor e não tinha paciência para esperar o negócio dar certo. **Uma lição importante é saber que o negócio não vai dar lucro nos primeiros meses de vida.** Nesse caso, a pessoa tratava o negócio como uma forma ganhar uma renda extra e queria retirar dinheiro a qualquer custo para pagar as contas. Não é assim que funciona! Além disso, qualquer dinheiro que entre e sobre, deve ser imediatamente reinvestido na empresa.

Ter um sócio que seja investidor é importante?

Se seu sócio puder fazer um aporte de dinheiro, especialmente no começo, é importante, sim. Mas, mais do que dinheiro, é importante que o seu sócio tenha o que chamamos de *Smart Money*, isto é, além de investir dinheiro, é importante que ele traga novas habilidades, que complementem as suas. **Não foque só no dinheiro! Busque pessoas que tenha habilidades e conhecimentos de mercado que possam complementar você.**

 **Dica**

Assista ao reality show *O Sócio*, disponível no canal *History Channel* (TV a cabo e YouTube). O programa é apresentado pelo empresário libanês Marcus Anthoni Lemonis. Ele traz dicas importantes para o dia a dia do seu negócio, como a importância de saber tratar as pessoas, tornar seus funcionários a sua prioridade e identificar o que você não sabe para poder aprender. E, principalmente, mostra como montar uma equipe qualificada, com pessoas que tenham diferentes habilidades que acrescentem ao negócio.

CAPÍTULO 11

Plano de Negócios: Da Ideia à Execução

Depois que você identificou qual será o segmento de atuação da sua empresa e começou a planejar mentalmente o seu sonho, chegou a hora de colocar todas as ideias no papel e avaliar se o seu negócio é financeiramente viável antes de partir para a execução.

Agora, vamos falar sobre *plano de negócios* e suas principais partes, como plano de marketing, plano orçamentário, plano operacional e outros pontos fundamentais que você deve considerar no planejamento do seu negócio.

Quando estiver pronto, seu plano de negócios vai lhe ajudar a responder à pergunta mais importante: *vale a pena abrir, manter ou ampliar o meu negócio?*

Atenção! Faça *você mesmo* o seu plano de negócios, sem delegar a terceiros. Ninguém conhecerá os detalhes do projeto com tanta propriedade como você.

Entenda para que serve o plano de negócios

»   Documento para organização das ideias antes de começar o novo negócio.

»   Bússola para nortear a expansão de empresas que já estão em atividade.

»   Ferramenta de apoio para a administração do negócio, pois permite avaliar números e pensar em estratégias.

»   Facilita a comunicação entre sócios, funcionários, clientes, investidores, fornecedores e parceiros.

»   Capta recursos financeiros, humanos ou parcerias.

Se você fizer uma apresentação da sua empresa ou quiser convidar uma pessoa para ser seu sócio e não tiver um plano de negócios, com dados, metas e projeções, esqueça. Você nem sequer será ouvido.

Regras gerais para fazer um plano de negócios

Conheça o setor no qual você deseja empreender	Um bom plano de negócios traz o máximo de informações sobre o negócio. Assim, pesquise tudo sobre o setor, busque informações em revistas, jornais, associações, cursos e com outros empreendedores que já investem na área.
O plano de negócios é um guia	Seu plano de negócios não deve ser um documento imutável. Você pode alterá-lo, incluir dados, informações, remodelar ideias. Não tenha medo de revisá-lo sempre que necessário.
O plano de negócios representa você e a sua empresa	Ao apresentar seu negócio para sócios, parceiros ou investidores em potencial, o plano de negócios será a melhor ferramenta de apresentação da sua empresa. O texto deve ser claro e organizado, redigido em uma estrutura de fácil compreensão.

Etapas do plano de negócios

O plano de negócios é o documento em que você detalhará tudo sobre a sua futura empresa, incluindo metas, objetivos e de que forma você pretende alcançá-los. Assim, fica mais fácil prever possíveis problemas e organizar com antecedência soluções para resolvê-los.

Nascimento da empresa

Toda empresa tem características próprias, como nome, endereço, identidade visual, logotipo, além do trio missão-visão-valores (que vão nortear suas decisões).

Antes de se sentar para começar a escrever o plano de negócios, sugiro que você esboce algumas ideias no papel. Inclua tudo aquilo que será implementado tão logo o projeto do negócio esteja aprovado e você tenha sinal verde para seguir em frente.

Informações fundamentais para incluir no plano de negócios

Nome da empresa	Escolha um nome e verifique se o domínio (site da sua empresa) está disponível. Você pode fazer essa busca no Instituto Nacional da Propriedade Industrial (Inpi). Em seguida, faça o registro da empresa e da marca.
Será um negócio físico ou on-line?	Quando começamos o AlfaCon, nosso negócio se resumia a uma sala de aula, que comportava uma quantidade pequena de alunos. Nossa expansão começou quando migramos para o on-line, o que nos trouxe uma importante lição: tudo o que é on-line vale mais que físico, porque você pode trabalhar com escala. Enquanto numa sala de aula eu posso disponibilizar espaço para 30 alunos, no on-line, eu coloco 5 mil alunos de uma só vez dentro de uma sala de aula virtual.
Localização	Dependendo do seu negócio, o local que você escolhe para abrir a loja ou o escritório poderá influenciar muito. Se você abrir uma empresa on-line, a localização física perde a importância.

Logotipo e identidade visual	É a marca registrada da sua empresa. É importante que, ao se deparar com o logo, o cliente consiga reconhecer você. Prefira algo simples e direto ao ponto. O ideal é contratar um profissional especializado. Nada de usar o Paint!
Website	Hoje em dia, se a sua empresa não está na internet, ela não existe. É fundamental ter um site responsivo, seguro, com layout que permita ao usuário ter uma excelente experiência de navegação. Também é indicado contratar um especialista da área.
Redes sociais	LinkedIn, WhatsApp, YouTube, Instagram, Facebook, TikTok. As redes sociais permitem que você interaja com o seu público, ouça a opinião dos clientes e feche negócios. Praticamente todas as redes permitem que você tenha uma conta comercial. Aproveite para sempre fazer uma pesquisa com seu cliente, perguntando como ele chegou até você.

Missão, visão e valores

Determinar a missão, a visão e os valores de uma empresa no plano de negócios é fundamental, porque são como diretrizes que ajudam a definir a direção estratégica da empresa, isto é, quem é a empresa, por que ela existe, os objetivos principais e quais mudanças pretende gerar na sociedade. Em resumo, é como a sua empresa *se apresenta* para o mundo.

Além disso, é possível também desenvolver missão, visão e valores para uso interno na empresa, como uma ferramenta de integração de operações, definidora da estratégia da companhia e fonte de motivação para a equipe.

Ao definir missão, visão e valores, o empreendedor tem a possibilidade de refletir sobre o papel do seu negócio na sociedade e os principais objetivos que deseja alcançar.

> » **Missão:** é o propósito de a empresa existir. É sua razão de ser.
> » **Visão:** é a situação a que a empresa deseja chegar (com período definido).

» **Valores:** são ideais de atitude, comportamento e resultados que devem estar presentes nos colaboradores e nas relações da empresa com seus clientes, fornecedores e parceiros.

Infelizmente, não é fácil definir missão, visão e valores de uma empresa. Antes de começar a desenvolver essa parte do plano de negócios, é importante saber que existem alguns erros muito comuns cometidos pelos empreendedores de primeira viagem. Veja alguns deles.

» **Não faça definições genéricas.** Fuja do: "Nossa missão é produzir produtos de qualidade que satisfaçam nossos clientes." Isso é mais do mesmo!

» **Seja criativo, mas simplifique.** Escreva uma mensagem simples que guie a existência da empresa.

» **Analise as empresas que você admira.** Inspire-se no que já existe. Faça uma lista de empresas que são exemplos de sucesso e avalie.

» **Visão de futuro.** É preciso ter metas bem-definidas e incluir as estratégias para alcançá-las.

Exemplos de missão, visão e valores

Missão	
Samsung	Inspirar o mundo com tecnologias inovadoras, produtos e design que melhoram a vida das pessoas e contribuem para a prosperidade social ao criar um novo futuro.
Harley Davidson	Nós realizamos sonhos através da experiência de motociclismo.
Google	Organizar as informações do mundo e torná-las mundialmente acessíveis e úteis para todos.
Nestlé	Oferecer ao consumidor brasileiro produtos reconhecidamente líderes em qualidade e valor nutricional, que contribuam para uma alimentação equilibrada, gerando sempre oportunidades de negócios para a empresa e valor compartilhado com a sociedade brasileira.

Visão	
Disney	Criar um mundo onde todos possam se sentir crianças.
Arcor	Ser uma empresa líder de Alimentos e Guloseimas na América Latina e ser reconhecida no mercado internacional, destacando-nos pelas nossas práticas sustentáveis e pela nossa capacidade de ingressar em novos negócios.
Vale	Ser a empresa de recursos naturais global número um em criação de valor de longo prazo, com excelência, paixão pelas pessoas e pelo planeta.
Nubank	Resolver a vida financeira das pessoas com transparência, segurança e simplicidade.

Valores	
Cacau Show	Paixão por realizar. Mais com menos. Inovação. Atenção aos detalhes.
Petrobras	Respeito à vida, às pessoas e ao meio ambiente. Ética e transparência. Orientação ao mercado. Superação e confiança. Resultados.
Reserva	Ser feliz e amar o que faz. Ser bom e disseminar o bem. Ser um bom amigo de todos. Ser uma empresa de pessoas que vendem roupas e não uma empresa que vende roupas para pessoas.

Banco Itaú	Só é bom para a gente, se for bom para o cliente. Simples. Sempre. Fanáticos por performance. Pensamos e agimos como donos. Gente é tudo para a gente. Ética é inegociável. O melhor argumento é o que vale.
Lupo	Honestidade, respeito e dedicação.

 **Definindo missão, visão e valores**

Missão

1. Qual é o principal benefício que sua empresa proporcionará ao seu público-alvo?

   _____

   _____

   _____

   _____

   _____

2. Qual é a principal vantagem (diferencial) competitiva que distingue sua empresa da concorrência?

   _____

   _____

   _____

   _____

   _____

3. Há algum objetivo ou interesse especial que deveria estar na missão da empresa?

   _____

   _____

_____

_____

_____

4. Esse interesse seria uma consequência do sucesso do negócio?

_____

_____

_____

_____

_____

5. Elabore uma frase curta que apresente o benefício, a vantagem competitiva e, caso faça sentido, o seu interesse enquanto empreendedor. Depois, veja se essa frase poderia ser a missão da empresa.

_____

_____

_____

_____

_____

Visão

1. Defina metas a serem realizadas em 3 ou 5 anos. Como gostaria que sua empresa estivesse ao final desse período?

_____

_____

_____

_____

_____

2. Após responder à pergunta anterior, reflita se seria possível dee terminar algum indicador para ser usado como base de avaliação. Além disso, quais metas numéricas poderiam ser atingidas nesse período?

_____

_____

_____

_____

_____

3. Elabore uma declaração com os objetivos que a empresa deseja atingir durante o período determinado na questão anterior. Depois, avalie se ela poderia ser a visão de futuro da empresa.

_____

_____

_____

_____

_____

Valores

1. Se sua empresa fosse uma pessoa, por quais atitudes ela deveria ser conhecida, lembrada e admirada?

_____

_____

_____

_____

_____

2. Essa lista de atitudes poderia servir como a lista de valores do seu negócio? Se não, refaça a lista de atitudes.

_____

_____

_____

_____

_____

CAPÍTULO 12

Roteiro para o Desenvolvimento do Plano de Negócios

A partir deste momento, você vai colocar a mão na massa de fato. A seguir, vamos detalhar cada fase do plano de negócios para que, então, você possa começar a desenvolver o seu.

Sumário executivo

O sumário executivo vem logo no começo do seu plano de negócios e traz um resumo do que será o seu empreendimento.

Aqui, você não vai justificar suas escolhas, mas oferecer dados e informações. Em geral, essa parte é feita por último, quando você está com todas as informações bem organizadas.

As informações contidas aqui mostram, de forma clara, as suas ideias e como você deseja tornar o negócio viável. Informações mais detalhadas virão nas partes seguintes.

Resumo dos principais pontos do plano de negócio	Detalhe qual é o seu negócio
Dados dos empreendedores, experiência profissional e atribuições	Aqui, você vai apresentar um minicurrículo de todos os sócios.
Dados do empreendimento	Informações básicas, como nome, futuro endereço etc.
Missão da empresa	O que a empresa pretende realizar.
Setores de atividades	Por exemplo, comércio, prestação de serviços, indústria, agropecuária.
Forma jurídica – um contador poderá auxiliar na escolha adequada para constituir a empresa.	Microempreendedor Individual (MEI); Empresário Individual; Empresa Individual de Responsabilidade Limitada – EIRELI; Sociedade Limitada.
Enquadramento tributário – um contador poderá auxiliar sobre os tributos devidos, alíquotas e benefícios fiscais.	Optante pelo Simples Nacional; Não optante pelo Simples Nacional.
Capital social	Todos os recursos (dinheiro, equipamentos, ferramentas etc.) que os sócios vão disponibilizar para montar o negócio.
Fonte de recursos	Como você vai obter os recursos. Por exemplo, busca de investidores ou de empréstimos junto a instituições financeiras (bancos).

Ao redigir as informações mais relevantes do sumário executivo, explique de forma sucinta os itens a seguir:

» O que é o negócio?
» Quais são os principais produtos e/ou serviços oferecidos?
» Quais são os principais clientes (ou público-alvo)?
» Qual é a localização da empresa?
» Quanto é o total de capital a ser investido?
» Qual é a projeção de faturamento mensal?

» Qual é o lucro que deseja obter?

» Quanto tempo é necessário para o retorno do capital investido?

Indicadores de viabilidade	Valor
Lucratividade	
Rentabilidade	
Prazo de retorno do investimento	
Ponto de equilíbrio (PE)[3]	

Para calcular o ponto de equilíbrio com base no faturamento, use o exemplo a seguir, fornecido pelo Sebrae.

$$Ponto\ de\ Equilíbrio\ (PE) = \frac{Custo\ Fixo\ Total}{Índice\ da\ Margem\ de\ Contribuição}$$

Para calcular o Índice da Margem de Contribuição:

$$\frac{(Receita\ Total - Custo\ Variável\ Total)}{Receita\ Total}$$

Exemplo

Valores anuais	
Receita Total	R$ 100.000
Custo Variável Total	R$ 70.000
Custo Fixo Total	R$ 19.500
Índice da Margem de Contribuição	
R$ 100.000 – R$ 70.000/R$ 100.000 = 0,30	
PE = R$ 19.500/0,30 = R$ 65.000	

3 Mais à frente, falaremos novamente sobre o ponto de equilíbrio (ou *break even point*). De forma resumida, é o ponto de ruptura em que o lucro da empresa é zero. É o momento em que os produtos/serviços vendidos pagam todos os custos e as despesas (fixas e variáveis), mas ainda não sobra nenhum dinheiro. Nesse momento, os sócios ainda não recebem nada. Para que haja lucro, é preciso ultrapassar o ponto de equilíbrio.

Análise de mercado

Para que seu negócio saia do papel e possa começar com o pé direito, é fundamental identificar de forma detalhada e aprofundada quem são os clientes em potencial, concorrentes e fornecedores, além de definir quais são os produtos ou serviços que sua empresa vai oferecer.

Público-alvo (clientes)

Quando os clientes buscam uma empresa, não procuram apenas produtos para comprar, mas soluções para algo que de precisam ou que desejam. Em geral, precisam resolver uma *dor* (um problema) e a sua empresa precisa mostrar que tem as soluções para essa dor.

Ao definir o seu público-alvo e desenvolver as melhores estratégias para se comunicar com ele, você economiza recursos, mirando de forma certeira no seu objetivo. Nesse tipo de exercício, é importante responder de forma mais detalhada possível às informações a seguir.

Características gerais

- » Qual é a faixa etária do seu público-alvo?
- » Na maioria, são homens ou mulheres?
- » Em que trabalham?
- » Quanto ganham?
- » Qual é o grau de escolaridade?
- » Onde moram?

Interesses e comportamento dos clientes

- » Em qual quantidade e com qual frequência os clientes compram esse tipo de produto ou serviço?
- » Onde costumam comprar?
- » Qual preço pagam atualmente por esse produto ou por serviço similares?

Comportamento de compra

O que influenciaria os seus clientes na hora de comprar um produto/serviço?

- » Preço ( )
- » Qualidade dos produtos e/ou serviços ( )
- » Marca da empresa ( )
- » Prazo de entrega ( )
- » Prazo para pagamento ( )
- » Atendimento ( )

Posicionamento do produto

Em seguida, você precisa definir o posicionamento do seu produto ou serviço. Isso significa entender como você quer que os clientes enxerguem o seu produto/serviço e qual é o lugar do seu negócio diante dos concorrentes.

Você pode responder às seguintes perguntas:

- » Como meu produto/serviço deve ser visto pelo mercado?
- » Meu produto tem boa qualidade e bom custo-benefício? Caso sim, quais são as características que os diferencia?
- » Ou meu objetivo é oferecer um produto de qualidade, mas com um preço acima dos meus concorrentes?

 Atenção!

Antes de partir para a implementação do produto, valide se esse produto que você está criando tem aderência com seu público.

Para isso, você pode usar uma ferramenta chamada *Product Market Fit* (PMF) ou "adequação do produto no mercado", que possibilita mapear sua posição no mercado. Isto é, você faz um teste antes, com uma espécie de protótipo, para entender a aderência do seu produto com seus clientes.

Para isso, você precisa ter um entendimento profundo de quem é o seu cliente e do comportamento de compra dele. Após a testagem, é importante obter a opinião dos clientes, para que você possa direcionar corretamente seus esforços.

Na pesquisa, você pode fazer a seguinte pergunta: "Você considera o produto x um necessidade de compra na sua vida?". As opções de resposta podem ser "sim" e "não". Se pelo menos 40% das pessoas responderem "sim", esse é um bom sinal de que você está no caminho certo.

 ## Exemplo

De forma ilustrativa, vamos criar uma personagem fictícia, que vai nos acompanhar ao longo dos próximos exemplos.

Dona Nina é uma senhora de 65 anos que mora em São Mateus, um bairro no subúrbio de São Paulo. É viúva, mãe de três filhos e tem cinco netos.

Trabalhou mais da metade da vida como doceira na padaria mais famosa da região e seus bolos e doces eram altamente recomendados e indicados.

Estimulada pelos filhos e netos, que viam uma oportunidade de dona Nina ganhar dinheiro com suas habilidades culinárias, ela decidiu abrir uma fábrica de bolos caseiros em uma antiga oficina no quintal de sua casa.

Os bolos seriam vendidos em um *food truck* estacionado na frente de sua casa e se chamaria "Bolos da Nina". Para começar o negócio, ela e a filha mais velha fariam os bolos; as duas netas seriam responsáveis pelas vendas e um dos filhos faria as entregas de moto, quando houvesse encomendas.

Como dona Nina não tem muito dinheiro para investir inicialmente no negócio, incluindo a compra de batedeiras e contratação de mão de obra qualificada, ela vai optar por ser microempresária.

Em seu cardápio, estarão bolos com sabores simples, como laranja, chocolate, aipim, milho e coco. Bolos com cobertura e recheio serão feitos apenas sob encomenda.

Vamos à estrutura.

Ramo ou segmento do seu negócio	Alimentício. Fabricação de bolos.
Produtos e serviços	Produtos. Bolos simples de vários sabores (laranja, fubá, aipim, milho, morango).
Localização do negócio	Produção na fábrica no quintal de casa. Os bolos serão vendidos em um *food truck* na frente da casa, que fica em uma rua movimentada do bairro.
Clientes (ou público-alvo)	Homens e mulheres, mas com foco nas mulheres entre 35 e 65 anos. Pessoas que buscam: bolos para café da manhã/café da tarde; que vão receber visita em casa e não têm tempo de cozinhar; pessoas que estão passando e sentem vontade de comer um bolo fresco; aniversário com bolo simples.
Concorrentes	Loja "Bolos da Vovó", parte de uma franquia, que fica na esquina da rua de dona Nina. Oferece bolos simples, bolos de aniversário e docinhos.
Fornecedores	Sr. Cardoso (traz semanalmente as espigas de milho da sua plantação no interior); supermercado atacadista.
Pontos fortes do negócio	Bolos de qualidade reconhecida pelos clientes; receita caseira, com massa leve; uso de ingredientes colhidos no pé e entregues diretamente na empresa (milho, aipim etc.); preço competitivo; pronta-entrega; a empresa estará disponível para venda em aplicativos; motoboy para entregar nas redondezas.
Pontos fracos do negócio	Oferece bolos de festa apenas sob encomenda; não consegue produzir grandes quantidades com rapidez (falta maquinário profissional e mão de obra); empresa com cinco funcionários; não tem *e-commerce*; não faz parte de uma franquia/rede.

Plano de marketing

A etapa do plano de marketing é uma das mais fundamentais, porque, neste momento, você vai detalhar quais produtos vai oferecer aos seus clientes (produtos ou serviços) e como pretende divulgá-los e vendê-los.

Assim como nas etapas anteriores, é fundamental incluir o máximo de informações. Por exemplo, se você for desenvolver um curso on-line de gastronomia, deve indicar o nome do curso, o sumário do curso, a duração de cada aula, quem serão os professores, se haverá certificado ou não. Se já houver uma identidade visual, inclua.

Sempre digo que o cliente precisa confiar na qualidade do produto ou do serviço para comprá-lo. Eu, por exemplo, só coloco em prática os projetos que vão dar origem a um produto ou serviço que eu mesmo compraria ou compraria para alguém da minha família. Se você não for o primeiro a querer usar o seu próprio produto, esqueça.

Qual é o preço do seu produto?

Você vai precisar detalhar para o seu investidor em potencial qual será o preço cobrado pelos seus produtos ou serviços.

Mas você sabe o que é *preço*? Preço é aquilo que seu cliente está disposto a pagar pelo seu produto. É preciso considerar os custos de produção e o lucro que você deseja obter após a venda. Uma dica é observar os seus concorrentes e o preço que praticam, para que você possa ter parâmetros.

Observe um importante macete em relação ao preço: não há como entregar algo com excelente qualidade, nem na maior escala de produção, com valor muito baixo. Por exemplo, mesmo que a BMW produzisse um milhão de carros por mês, a empresa não conseguiria vender seu automóvel a preço popular. Estão embutidos nesse preço final os valores de custo, mão de obra, mídia para divulgação etc.

Um bom exemplo que vivemos internamente foi o lançamento do primeiro PAP. Refletimos muito sobre o quanto cobraríamos, uma vez que é um programa que oferece uma quantidade absurda de conteúdo e há toda uma produção por trás, inclusive intelectual, já que estudamos muito para montar as palestra. Por isso, o preço que nós cobramos pode ser considerado insignificante perto do conhecimento que oferecemos. Observando a concorrência, encontramos cursos com dez vezes menos conteúdo que o nosso, mas que cobram cerca de R$ 4.000.

Como contei no início do livro, demorei muito para aprender a precificar o meu produto. Eu cobrava qualquer valor, especialmente dependendo de quem era o cliente. Não me preocupava com margem de lucro, ponto de equilíbrio, nada. O que aconteceu? Eu quebrei. Lembre-se: você não é uma instituição filantrópica! Você é uma empresa.

Promoção dos produtos ou serviços

Após refletir sobre a questão do preço, é hora de planejar como será a divulgação dos seus produtos ou serviços. É o momento de pensar como colocar o bloco na rua! Você vai precisar montar uma estratégia foda que atenda aos seus objetivos e entusiasme o seu público-alvo.

É preciso considerar alguns pontos para desenvolver a parte de promoção:

- » Quem é seu público-alvo?
- » Onde ele está? Na internet? Na rua?
- » Quais são as melhores ferramentas para alcançar seus clientes?
- » Que tipo de conteúdo promocional pode engajá-los a ponto de quererem conhecer e comprar seu produto?

Marketing off-line × marketing on-line

"Evandro, para falar com o meu público, devo investir apenas nas redes sociais?" Não necessariamente.

Como falamos, você precisa primeiro identificar onde está seu público-alvo, entender como ele consome, o quanto pagaria pelo seu produto, para então planejar como se comunicar com ele (e, claro, quais as melhores ferramentas para isso). Isso pode ser feito por meio de campanhas de marketing off-line e/ou marketing on-line. Por isso, não saia descartando possibilidades ou tomando decisões precipitadas!

Antes de tudo, é preciso muita avaliação, estudo e planejamento. Só assim você terá embasamento para selecionar os melhores canais de venda ou as ferramentas de marketing para divulgação. Todo o resto será apenas você tentando encher linguiça e gastando dinheiro à toa, só para dizer que sua empresa está em todos os lugares. Seja inteligente!

Além disso, muito do seu planejamento vai depender da verba que você tem disponível para investir nesse primeiro momento.

 Tome nota!

Há uma lei chamada Lei de Nielsen, que afirma que o investimento de marketing deve ser calculado em cima da porcentagem de mercado que você deseja conquistar. Por exemplo, se a meta da dona Nina, enquanto dona da fábrica de bolos caseiros, é vender para 10% dos moradores do bairro, o investimento em marketing deve ser de 10% sobre os investimentos totais.

Agora, vamos entender o que é marketing off-line e marketing on-line (ou digital).

» **Marketing off-line:** são os meios de comunicação de massa mais tradicionais, como anúncios em jornais e revistas, propaganda em televisão, *outdoors* de rua, *busdoors*. Não há internet envolvida. Entram também produção de brindes (que você pode distribuir para clientes, influenciadores, jornalistas etc.) e realização de eventos (alô, PAP!). São ruins e ultrapassados? Não, tudo depende da sua estratégia! Porém, lembre-se: com meios de comunicação de massa, você vai falar com um público mais amplo, mas não necessariamente o seu nicho, e provavelmente vai precisar investir mais dinheiro (porque são caros).

» **Marketing on-line (ou digital):** são as campanhas de divulgação feitas na internet, incluindo redes sociais, blogs, sites, anúncios pagos no Google ou Facebook, por exemplo. Hoje, com o celular na mão, você tem uma grande ferramenta de trabalho e pode segmentar seu público-alvo, isto é, descobrir onde ele está e falar diretamente com ele. Nas redes sociais, você pode fazer postagens orgânicas e postagens pagas (em que você vai colocar dinheiro para ampliar o alcance do seu post).

No marketing on-line, o mais importante para se tornar relevante para o seu público-alvo é produzir um *bom conteúdo*, que gere engajamento do seu público e compartilhamentos. Tudo gira em torno de você desenvolver uma boa estratégia! Não adianta colocar dinheiro em qualquer porcaria, porque não vai vender, ok?

 Exemplo

No caso do AlfaCon, investimos muito em mídia paga para chegar mais facilmente até o nosso público-alvo. Hoje, metade do tráfego do nosso site vem desse tipo de mídia.

Além disso, há algo chamado conversão assistida, que é uma estratégia em que você acompanha os passos do seu cliente até o momento da conversão (quando ele compra o produto).

Por exemplo, o cliente pode chegar ao seu site por meio de um anúncio pago no Google, mas não necessariamente efetivar a compra naquela primeira visita. Para tomar a decisão de comprar o produto, ele pode retornar ainda duas ou três vezes. É comum termos clientes que compram os cursos apenas três ou seis meses depois de terem sido impactados pela primeira vez por um anúncio do AlfaCon.

Outra dica importantíssima é: se possível, tenha um website bacana e organizado, com *template* que ofereça boa usabilidade e boa experiência de navegação ao usuário que deseja conhecer o seu produto. Se você não tiver grana para investir nisso no começo, aposte nas redes sociais e nos blogs para trazer o seu público até você. Lembre-se: hoje em dia, quem não está na internet, não existe!

 Exemplo

Vamos voltar à fábrica da dona Nina. Antes de estruturar a campanha de divulgação da sua loja de bolos, dona Nina conversou com seu neto, que trabalha com marketing digital.

Seu neto sugeriu que ela optasse por criar um perfil comercial no Instagram e um canal no YouTube e produzir conteúdo de qualidade para promover a marca. Por exemplo, ela poderia produzir vídeos curtos ensinando o passo a passo para fazer receitas saborosas, postar fotos de bolos recém-saídos do forno, contar curiosidades ligadas a determinada receita ou até mesmo narrar histórias de família. O céu é o limite!

Minha sugestão é que você contrate um profissional ou uma agência qualificada para o trabalho. Você não pode correr o risco de fazer um post com erro de português ou uma publicar uma arte feita no Paint!

Principais redes sociais para negócios

Facebook	Permite criar uma página (fanpage) da sua marca com *e-commerce*.
Instagram	Permite criar página comercial com e-commerce. Você pode incluir vídeos, fazer transmissões ao vivo e conversar diretamente com seus clientes.
YouTube	É uma das principais redes do momento, além de gratuita. Você não precisa ser profissional da área, mas é importante usar uma boa câmera e microfone.

WhatsApp	Você pode ter um perfil pessoal ou comercial (o mais indicado) para conversar diretamente com seus clientes.
Telegram	Além de poder falar diretamente com seus clientes, permite criar grupos para troca de informações.
LinkedIn	É uma rede para trocas profissionais. Dependendo do seu negócio, você pode estabelecer contato com pessoas interessadas no que você está produzindo.
Pinterest	Rede social para postagem de imagens e vídeos. Tem sido muito usada para pessoas que trabalham com gastronomia, artesanato, eventos etc.
Twitter	Microblog no qual você pode postar fotos, textos, gifs e interagir diretamente com seus clientes.
Tik Tok	Muitas empresas já têm perfil comercial nessa rede social totalmente voltada para publicação de vídeos. Em geral, o Tik Tok tem sido uma rede de aproximação em que os funcionários publicam vídeos seus em momentos descontraídos ou fazendo atividades relacionadas com o negócio em que trabalham (por exemplo, receitas etc.).

Funil de vendas

Todo empreendedor precisa conhecer o conceito de funil de vendas, para que possa estruturar as melhores estratégias de divulgação dos produtos. O objetivo dessa ferramenta é guiar o cliente por algumas etapas, desde o momento em que ele conhece a empresa até a efetivação da compra. Basicamente, é uma ferramenta usada para você conhecer o comportamento de compra dos seus clientes.

A partir do momento em que o cliente ouve falar do seu produto pela primeira vez até o momento em que efetiva a compra, ele passa por diversas etapas, que podem levar dias, semanas ou meses.

Com o funil de vendas, você consegue mapear essas etapas e, assim, desenvolver estratégias e conteúdos específicos para engajar o cliente e motivá-lo o suficiente para que ele queira fechar negócio.

Um funil de vendas tem, basicamente, três etapas:

» **Topo:** é o momento de prospectar clientes. Você pode fazer isso com apoio de um anúncio no Google, por exemplo. Quando a pessoa buscar determinado assunto, vai ser impactada pelo anúncio, que deve ser atraente o bastante para que ela queira clicar nele e, assim, ser direcionada para algum site. Para atrair o cliente, você pode oferecer um benefício em troca de informações gerais, como nome, e-mail e cidade onde mora. Esse benefício pode ser um e-book gratuito sobre o tema que o cliente está pesquisando, por exemplo. Em geral, o cliente se inscreve em um formulário para, em seguida, fazer download do conteúdo exclusivo.

» **Meio:** agora que você já começou a prospectar clientes e está formando uma base, precisa conhecer melhor essas pessoas, ou seja, *qualificá-las*. Nessa etapa, você deve implementar várias ações estratégicas, para que esses clientes em potencial possam conhecer melhor o seu produto, as características deles, os diferenciais em relação aos concorrentes etc. É um bom momento, por exemplo, para incluir depoimento de outros clientes que já usaram o produto. Aqui, o objetivo é convencer o cliente gradativamente e guiá-lo até o fundo do funil, o momento em que de fato há a conversão (quando o cliente efetiva a compra).

» **Fundo:** na última etapa do funil, o cliente já conhece seu produto, já sabe que ele pode resolver suas dores e está maduro para fechar negócio.

Para começar a desenhar o funil de vendas, você precisa dimensionar quantas pessoas existem no seu segmento de mercado, quantas pessoas já ouviram falar do seu negócio e, a partir daí, implementar ações para otimizar a conversão. No caso dos negócios on-line, o percentual de clientes que chega até o site da sua empresa é chamado de *taxa de conversão*.

Veja a seguir um exemplo das etapas de um funil de vendas.

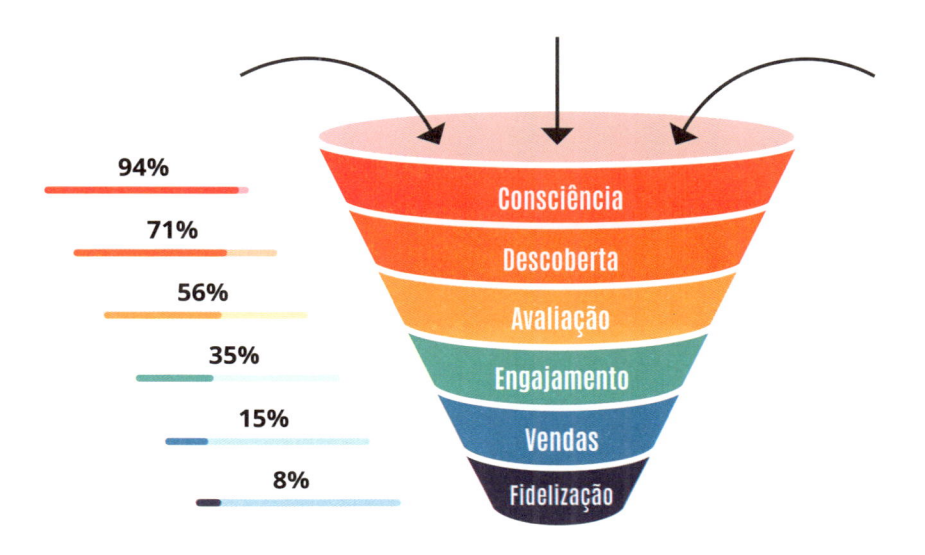

Anúncios pagos

Atualmente, os anúncios pagos são a forma mais eficiente de levar tráfego para o seu website. As duas principais ferramentas são Google AdWords, do Google, e Facebook.

Além de criar o anúncio, essas ferramentas têm outras usabilidades. Por exemplo, permitem que você segmente ao máximo o seu público-alvo. É possível chegar a um nível incrível de detalhes, como analisar o número de pessoas na sua região que pesquisam sobre determinado termo.

A partir dessas informações, você pode criar anúncios on-line mais assertivos e atrair os clientes em potencial.

Vamos voltar àquele exemplo do Eduardo, descrito no Capítulo 9, que deseja abrir uma bicicletaria em Barra do Piraí. Como ele pode criar um anúncio para divulgar o negócio e estimar o valor que deve ser investido em mídia?

> » A ferramenta escolhida para anunciar (Google ou Facebook) vai mostrar quantas pessoas buscam pelos termos selecionados. Por exemplo: "bicicletaria em Barra do Piraí". Resultado

da busca: 2 mil pessoas mensalmente buscam por esse termo na ferramenta.

» Dessas 2 mil pessoas, a ferramenta vai indicar quanto você pagará cada vez que uma pessoa clicar no seu anúncio. Fique tranquilo, pois a ferramenta oferece essa estimativa de valor. Por exemplo, cada clique custa R$ 10.

» Sabendo quanto custa cada clique, você poderá fazer um cálculo para descobrir qual deve ser seu investimento inicial. Se você quer fazer com que 100 pessoas cliquem no seu anúncio e conheçam o seu negócio, você deve fazer R$ 10 × 100 pessoas. Mas fique atento: entre essas 100 pessoas que clicarem no seu anúncio, é possível que apenas uma vá até a bicicletaria e realize um serviço na empresa.

 ### Resumo

1. Antes de começar sua campanha de marketing digital, você precisa avaliar qual é o mercado disponível.

2. Com apoio de ferramentas do Google ou Facebook, você poderá calcular quanto de dinheiro precisa investir para alcançar determinada quantidade de público.

3. É preciso determinar qual é o custo de visibilidade, isto é, quantas pessoas vão ver a sua marca a partir do seu anúncio.

4. Com a prática do dia a dia e análise constante de métricas e resultados, será possível medir qual é a taxa de conversão, ou seja, o quanto você investiu × quantas pessoas de fato viraram clientes.

5. Cada ação deve ser medida, para avaliar a porcentagem de acerto e erro da campanha digital. Só assim é possível fazer as correções necessárias.

A equação que mais bem explica essa relação é a seguinte:

$$\frac{Verba \times Conversão \times Tíquete\ Médio}{Custos}$$

O esperado é que esse investimento em mídia paga traga clientes que queiram fechar negócio e, obviamente, não dê prejuízo. Se você investir dinheiro de mídia no canal errado, certamente o resultado será negativo. Se você investir sua verba de mídia no lugar certo e trouxer público qualificado, nutrir esse público com conteúdo engajador, manter uma reputação de marca, não der calote na praça (pagou em dia seus fornecedores) e tratar bem os clientes, você estará no rumo certo.

Fique de olho!

Apesar de não ser algo que você necessariamente precise incluir no plano de negócios, tenha em mente a importância de ter um espaço no seu website dedicado aos *customer reviews*. Caso você não esteja familiarizado com esse termo, é bem simples: significa pedir que seus clientes escrevam uma avaliação curta sobre o que acharam do seu produto/serviço. Nesse texto, o cliente vai compartilhar a opinião sobre o produto/serviço, dizer se atendeu às expectativas e, principalmente, se ele indicaria ou não a outras pessoas.

Lembre-se: de acordo com pesquisas, cerca de 56% das pessoas compram produtos ou serviços com base na opinião/experiência de amigos ou familiares. Visite o site do AlfaCon para conhecer a avaliação dos nossos clientes.

Canais de venda

Agora, é a hora de pensar em como vender o seu produto. Dependendo do seu negócio, você tem algumas opções de canais de venda. Conheça cada um deles a seguir.

E-commerce	Ao optar por vender seus produtos ou serviços on-line, você pode fazer isso por meio de um site próprio ou via *marketplace* (isto é, a venda é feita em parceria com outras empresas, como Amazon e Magazine Luiza, que disponibilizam suas plataformas).

Varejo	É a venda direta para o consumidor, sem intermediários, geralmente em pequenas quantidades. Por exemplo, uma loja de shopping.
Atacado	No atacado, os produtos são vendidos em grandes quantidades e a preços até 50% menores do que no varejo. Como a compra geralmente é feita diretamente com a fábrica, é uma modalidade muito usada para quem vai revender produtos.
Distribuidor	O empreendedor compra dos fabricantes em grande quantidade, responsabiliza-se pela logística e pela venda para sua carteira de clientes. É muito comum para quem trabalha no ramo de bebidas, por exemplo.

E-commerce no Brasil

Nos últimos anos, o Brasil já vinha registrando aumento expressivo nas negociações via comércio eletrônico, mas esses números dispararam em 2020 por causa da pandemia.

Segundo dados do índice MCC-ENET, desenvolvido pelo Comitê de Métricas da Câmara Brasileira da Economia Digital (camara-e. net), houve expansão de 73,88% nas vendas, em 2020, e crescimento de 55,74% no faturamento, se compararmos com dados de 2019. Mesmo com o início da flexibilização do comércio, as vendas via *e-commerce* não caíram. Ou seja, é um canal de venda que se tornou ainda mais importante para qualquer empresa.

Modelos alternativos de *e-commerce*

Abrir um tipo alternativo de *e-commerce*, que ofereça produtos que não são facilmente encontrados, pode ser uma opção interessante para quem deseja empreender.

Mas, ao abrir um *e-commerce*, é preciso ter muito cuidado para não competir com os *marketplaces* (por exemplo, B2W, Amazon). O *marketplace* permite que você venda seus produtos na plataforma da empresa, que se responsabiliza por toda mídia de divulgação, tecnologia e direcionar o tráfego de clientes para o seu produto. Eles vendem o produto e a sua empresa faz a entrega direto para o cliente que comprou no *marketplace*.

Dentre as opções interessantes, a sua empresa pode ser um *marketplace* ou um habilitador de negócios para *e-commerces* já existentes.

Uma observação sobre sua empresa ter *e-commerce* próprio

Se você optar por vender seus produtos ou serviços por meio de site próprio, é fundamental contratar uma equipe especializada em desenvolvimento, programação e segurança para websites. Lembre-se de que isso tem um impacto nos custos, que você deve incluir no plano de negócios.

Além disso, para ser mais facilmente encontrado quando os clientes fazem buscas na internet, existem algumas técnicas ou ferramentas que você precisa conhecer (ou contratar um especialista). Conheça duas delas.

Tagueamento	O Facebook e o Instagram, por exemplo, oferecem ferramentas em que você pode marcar seus produtos no *e-commerce* dessas redes sociais. Além disso, pode colocar hashtags nas postagens. Tudo isso ajuda o cliente a encontrar o seu produto.
Search Engine Optimization [SEO]	É uma otimização para mecanismos de busca, como o Google. O SEO traz um conjunto de técnicas de otimização para sites, blogs e páginas na web que servem para melhorar o tráfego do seu site, por exemplo. Se você souber usar determinadas técnicas como a das palavras-chave, seus clientes vão encontrá-lo com mais facilidade.

 **Atividade • Definindo seus produtos e/ou serviços**

Descreva em detalhes quais produtos e/ou serviços você vai vender na sua empresa.

_____

_____

_____

_____

_____

_____

Descreva qual estratégia de marketing você vai utilizar para lançar a sua empresa, incluindo quais ferramentas serão utilizadas e qual será a verba destinada. Inclua um cronograma com datas para a implementação de cada ação proposta no planejamento.

_____

_____

_____

_____

_____

_____

Plano operacional

Uma empresa só tem chances reais de dar certo quando há sinergia entre as pessoas que trabalham nela e clareza das metas e objetivos a serem alcançados.

Nessa etapa do plano de negócios, chamada de *plano operacional*, você vai indicar como pretende alcançar as metas e os objetivos; vai descrever o que é necessário para qualificar sua equipe; quais serão as ferramentas utilizadas para criar os processos e de que forma vai disponibilizá-las. Em resumo, você vai apresentar quais são as estratégias que pretende implementar para ser bem-sucedido.

 Atenção!

Essa deve ser a parte mais refinada e detalhada do plano de negócios!

Para começar, você precisa pensar em algumas questões importantes:

» O que é preciso fazer para que meu negócio comece a funcionar?
» Quando devo começar a implementar cada etapa do processo?
» Como devo implementar cada etapa do processo?
» Quem será responsável por cada tarefa?

Seu plano operacional deve considerar:

» cada atividade da empresa, como elas serão realizadas e por quem;
» como será a rotina de trabalho (incluindo as rotinas administrativas);
» quais tarefas devem ser executadas, o período e o prazo;
» quais medidas devem ser tomadas para garantir a eficiência do trabalho;
» quais são as melhores estratégias para manter os colaboradores motivados.

Descreva cada etapa minuciosamente! Nesse contexto, você precisará definir outros pontos igualmente essenciais. Veja a seguir.

Procedimentos	São as diretrizes de como as atividades devem ser realizadas.
Orçamentos	O planejamento financeiro para o ano fiscal. É preciso detalhar o orçamento de cada departamento da empresa.
Métodos	São os processos da sua empresa. O passo a passo detalhado de como ela vai funcionar, as principais atividades e de que forma serão realizadas.
Cronogramas	Detalhar as atividades e o tempo de execução de cada uma.
Regras e regulamentos	Você vai descrever o comportamento adequado que espera dos seus funcionários. São as regras de conduta, e todas devem ser muito claras para os membros da empresa.

Além disso, você também precisa considerar outras variáveis.

Estrutura física da empresa (*layout* ou arranjo físico)	Você pode pegar uma planta da empresa/escritório/loja e definir os espaços e departamentos. No futuro, esse mapeamento vai ajudar nas melhorias estruturais.
Recursos Humanos (RH)	O RH é o departamento responsável por conhecer todos os funcionários, suas qualificações e estar sempre disponível para oferecer feedbacks. Cabe a esse setor entender o que é a organização e conhecer a função de cada colaborador, para que seja possível contratar as pessoas adequadas para cada posição.
Hierarquia organizacional	É a divisão de cargos e responsabilidades. Nesse momento, você vai indicar como esses cargos estarão organizados dentro da hierarquia da empresa.

Projetos especiais

Caso você queira incluir projetos especiais no seu plano de negócios, também é possível. Você precisa detalhar o passo a passo, incluindo o prazo de realização. Por exemplo, você pode determinar que o projeto será implementado até seis meses após a abertura da empresa.

Recursos humanos

Você deve listar a pessoa de cada setor da empresa que terá participação no projeto e indicar quem vai executar cada etapa. Além disso, tem a responsabilidade de verificar o que é necessário – em termos de ferramentas e capacitação – para que o projeto seja desenvolvido, implementado e finalizado.

Recursos financeiros

É o investimento necessário para tirar o projeto do papel. Você vai definir a verba necessária para a realização desse projeto e detalhar onde vai buscar o valor que será investido.

Recursos de tempo

É preciso definir o prazo para a realização completa do projeto, a datas de início e fim, o cronograma para cada etapa. O objetivo é garantir que o projeto esteja pronto no tempo determinado.

Performance

Você precisa determinar quais indicadores de performance – os chamados *Key Performance Indicator* (KPIs) – serão considerados para medir se o projeto foi bem-sucedido.

Avaliação de riscos

Todo projeto corre o risco de parar ou atrasar por contratempos diversos. Nessa parte do plano, é preciso antever esses riscos e pensar em soluções eficientes para resolvê-los.

Como montar as equipes da sua empresa

Todo negócio precisa de uma equipe bem-estruturada e organizada para que o trabalho seja bem-feito. Na etapa do plano operacional, você deverá indicar:

> » quantos são os sócios, seus respectivos cargos e responsabilidades;
> » o número previsto de funcionários, divididos por equipes, e suas respectivas funções;
> » quantas pessoas devem ser contratadas no médio e longo prazos e para quais funções.

Esse momento é fundamental porque a sua empresa é feita por pessoas. Logo, foque na contratação dos melhores profissionais, invista no treinamento e na qualificação sempre que necessário. É importante já prever esses custos nesta etapa.

Capacidade produtiva

No plano operacional, você vai analisar também qual a capacidade produtiva da sua empresa a partir das equipes e do espaços disponíveis.

No caso da dona Nina, por exemplo, não adiantaria ela querer produzir 300 bolos por mês, se tem apenas uma batedeira e trabalha com uma ajudante. É preciso ser realista.

Ciente do espaço e da mão de obra disponíveis, você vai poder traçar metas claras e objetivas e reduzir o desperdício e o tempo ocioso.

Uma coisa importante é considerar a sazonalidade: dependendo da época, você vai vender mais ou menos do seu produto e precisará de mais ou menos funcionários, investimento, espaço etc.

Em resumo, quando você fizer seu planejamento operacional, vai estabelecer algumas metas, como melhorar a produtividade, por exemplo.

Por fim, quando a empresa já estiver funcionando, é fundamental que o plano operacional seja atualizado anualmente com novas metas, novos objetivos, atividades e fluxo de trabalho.

 **Atividade • Construindo o plano operacional**

Descreva como serão feitas as principais atividades do negócio, incluindo cronograma para realização das tarefas e equipe necessária.

_____

_____

_____

_____

_____

Descreva a estrutura física necessária para que sua empresa funcione, incluindo compra de móveis e utensílios, e diga como você organizaria cada setor.

_____

_____

_____

_____

_____

Plano financeiro

Essa etapa do plano de negócios pode ser bastante complexa para quem não tem familiaridade com a área de administração e contabilidade, então, a minha sugestão é que você peça apoio a profissional especializado para não correr o risco de errar.

Aqui, você vai especificar a quantidade total de dinheiro que será investido para que a empresa comece a funcionar. Além disso, você vai descrever como pretende implementar um conjunto de ações e controles, além de selecionar ferramentas adequadas para que seja possível gerenciar os recursos financeiros da empresa. O objetivo é garantir os melhores resultados financeiros possíveis! Detalhe investimentos fixos, capital de giro e outros investimentos antes do começo da operação.

Para garantir que o plano financeiro possa ser implementado e executado conforme o planejado, você precisa avaliar com cuidado o cenário econômico do país e do mundo, simular cenários diversos, incluindo cenários pessimistas e outras situações. Quem imaginaria, por exemplo, que o mundo seria assolado por uma pandemia que começou em 2020 e atingiria em cheio todos os setores da nossa vida? O empresário financeiramente despreparado não tem chance de sobreviver!

Despesas mensais

Toda empresa tem faturamento mensal e despesas mensais (são gastos em geral, contas a pagar, investimentos futuros). Em resumo, o objetivo é garantir que haja dinheiro para pagar todas as contas, sem falta e, se possível, guardar.

Projeções futuras

É importante ter uma pessoa especializada na equipe para acompanhar as projeções de forma correta e eficiente. Não dê espaço para surpresas indesejadas!

Considerações importantes

Situação atual da empresa

Antes do pontapé inicial, você precisa saber em que pé está a situação financeira da empresa, para garantir que esteja saudável e se mantenha assim. Avalie o mercado concorrente, considere o cenário econômico do país e do mundo. É preciso desenhar todos os cenários.

Metas financeiras

Defina quais são as principais metas financeiras da empresa – mensais e anuais – e o faturamento que você deseja alcançar. Em seguida, detalhe os custos e as despesas (também mensais e anuais). Não se esqueça de incluir a projeção de investimentos futuros!

Plano de implementação

Detalhe o que precisa ser feito para alcançar o faturamento estimado. Isso inclui avaliar o que cada departamento da empresa precisa fazer, englobando ações e cronograma de realização.

Orçamento anual

Você precisa desenhar um planejamento anual que considere mês a mês. Para montar esse orçamento, tome como base as metas de venda/faturamento estipuladas e as ações que você vai tomar para implementá-las.

Fundamentos

> » Suas metas de faturamento serão usadas para fazer a projeção de vendas. Você precisa saber o quanto necessita vender para obter o faturamento desejado.
> » Também é preciso considerar as despesas futuras, incluindo contas fixas, despesas, treinamento de funcionários, compra de maquinário etc.

Atenção!

Anote todas as despesas necessárias e avalie se é possível terceirizar determinados serviços para baratear os custos; alugar um espaço em vez de comprar um imóvel; comprar maquinário usado (em bom estado) ou alugar. Tente não gastar com o que não é essencial!

Capital de giro

Você já ouviu falar em *capital de giro*? De forma bem simples, é o dinheiro que você precisa ter para a empresa continuar em funcionamento. Basicamente, se você não tiver esse dinheiro, você quebra.

Vamos exemplificar, para deixar mais claro.

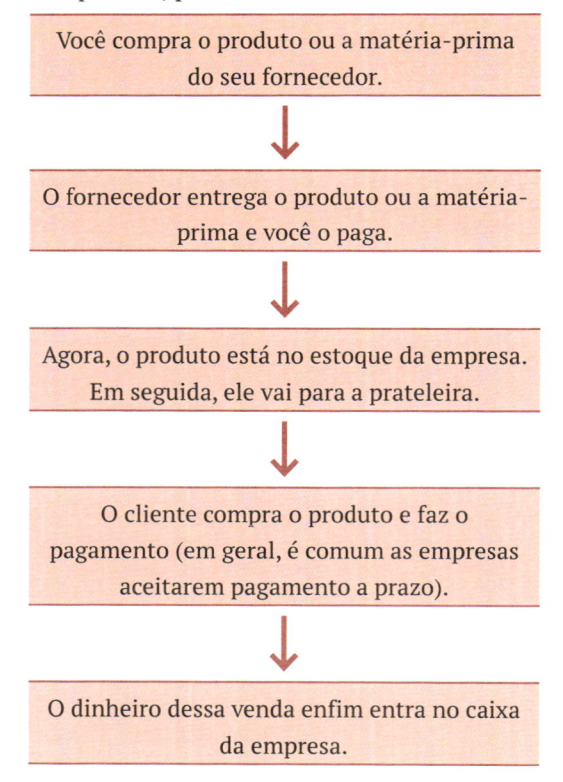

Então, vamos refletir. Nesse intervalo – desde o momento em que o dinheiro sai do seu caixa para pagar o fornecedor, até ele retornar para você, após o pagamento do cliente –, com qual dinheiro você pagaria as contas, os salários, o aluguel etc.? O *capital de giro* é esse montante de dinheiro que vai cobrir todas as despesas durante esse período.

Como contei no começo do livro, eu não tinha a menor ideia do que era ser empreendedor quando comecei meus negócios. Eu não tinha dinheiro reservado para pagar as despesas (aluguel da sala, salário dos professores), principalmente no começo, quando os cursos ainda não faturavam o suficiente para cobrir todos os custos.

Para arcar com os compromissos financeiros, tive que vender carro, moto, pegar empréstimos. Funcionou por um tempo, mas não foi o suficiente para manter o negócio funcionando de maneira saudável por um período maior. Eu quebrei e ainda terminei cheio de dívidas. Não cometa o meu erro!

Ressalto aqui que o dinheiro do capital de giro serve para tudo: pagar salários, pagar os fornecedores, financiar os clientes que pagam parcelado, investir na empresa, enfim, pagar todas as contas.

Para calcular o seu capital de giro, você vai somar todas as despesas e contas pagas e diminuir dos recursos que você tem disponíveis em caixa.

É fundamental que haja um bom planejamento e organização, para que você possa detalhar todos os custos no curto, médio e longo prazos. Toda empresa precisa de um caixa mínimo, para que seja possível cobrir os custos até receber o dinheiro pago pelos clientes.

Capital de giro

Todas as contas a receber + valor de tudo que há no estoque – contas a pagar + valor de impostos e despesas

Dicas para uma boa gestão do capital de giro

» **Negocie com fornecedores e clientes:** esteja sempre atento aos prazos e valores que você tem que pagar aos seus fornecedores. Negocie, peça descontos, combine prazos mais confortáveis. O mesmo vale para os prazos e valores que você tem para receber de seus clientes. Tente reduzir os prazos de pagamento e incentive pagamento em dinheiro e débito.

» **Reduza ou corte gastos:** depois de uma boa avaliação, você vai ver que é sempre é possível reduzir ou cortar despesas. Mas, atenção, é preciso que isso seja feito mensalmente, para que você não perca de vista o que a sua empresa está gastando. Isso vai desde folhas A4 para impressões excessivas até coisas mais robustas.

» **Tenha disciplina e organização com o dinheiro da empresa:** caso você venha a usar recursos da empresa para gastos pessoais (o que eu recomendo fortemente que você não faça!), reponha o valor o quanto antes e não faça disso um hábito. Tente não gastar mais do que o seu pró-labore, ok? É pela saúde financeira do seu negócio.

» **Gestão de estoque:** se você pretende vender produtos na sua empresa, preste bastante atenção nisso. Cuidado para não comprar mais do que precisa e superlotar o seu estoque. Não adianta querer aproveitar uma promoção do seu fornecedor, por exemplo, e estocar matéria-prima para vários meses. Isso pode comprometer seu capital de giro. Além disso, esteja atento à sazonalidade. Por exemplo, se sua empresa vende menos nos meses de férias, reduza o seu estoque.

» **Empréstimos:** cuidado com os momentos em que você não tem dinheiro em caixa para pagar seus compromissos e fornecedores e precisa pegar empréstimos. Para assumir qualquer empréstimo, é preciso que você tenha um bom planejamento financeiro, para saber exatamente *quando* e *como* vai quitar essas parcelas. Não adianta pegar um empréstimo agora e parar para pensar como vai pagar só depois! Corre o risco de sua situação virar uma bola de neve.

Para você saber se um empréstimo é bom ou ruim, você precisa conhecer os tipos de empréstimo que existem para empreendedores. Estude, pesquise, converse.

Empréstimo para capital de giro	Taxas de juros maiores, prazos menores e sem carência.
Empréstimo para investimentos	Taxas de juros menores, prazos maiores e com carência.

Exemplos

Empréstimo para capital de giro
R$ 60.000 = 12 parcelas × R$ 5.000
Pagamento da 1ª parcela em 30 dias
Nesse caso, o empreendedor já tem que dispor de R$ 5.000 em 30 dias.
Empréstimo para investimentos
Valor: R$ 60.000
Pagamento: 60 parcelas × R$ 1.000
Pagamento da 1ª parcela em 90 dias.

Para quem está começando um negócio e precisa de dinheiro (investimento ou capital de giro), é fundamental ter um bom planejamento para tomar a melhor decisão!

Como manter o controle financeiro em dia

Outro fator fundamental para garantir a saúde financeira do seu empreendimento é manter um controle financeiro organizado em dia.

Veja o passo a passo a seguir para entender como você pode manter o controle financeiro da sua empresa. Lembre-se: você precisa ter um capital de giro em caixa para pagar as despesas, até começar a receber dos clientes.

Passo 1 - Calcule o prazo médio das contas a pagar aos fornecedores	Imagine que, num determinado empreendimento, 50% dos pagamentos são feitos à vista, enquanto os outro 50% dos pagamentos são feitos em 30 dias. Na média, o prazo de pagamento para os fornecedores é de *15 dias*.
Passo 2 - Calcule o prazo médio do recebimento das vendas	Em média, quantos dias os clientes demoram para pagar o que compraram na sua empresa? Por exemplo, imagine que os clientes pagam metade do valor do produto/serviço em 30 dias e a outra metade em 60 dias. Isso dá um total de 90 dias para a empresa receber todo o valor. Na média, a empresa recebe dos clientes em *45 dias*.

Resumo

Pelo que vimos, a empresa precisa pagar os fornecedores, em média, em 15 dias, porém, só vai receber do cliente 45 dias depois da venda. Logo, há 30 dias corridos de prazo que alguém tem que custear, certo?

Veja seguir o que precisa ser feito.

1. Calcule o custo fixo mensal do seu negócio. Já falamos sobre isso: aluguel; contas de luz, internet, telefone; salários; impostos etc.

2. Estime o custo variável mensal. É tudo aquilo relacionado à produção e venda do produto. Por exemplo, matéria-prima, impostos ligados diretamente às vendas.

3. Com os gastos mensais dos custos fixos e variáveis, faça uma média diária do quanto é gasto. Como resultado, você terá um valor aproximado do seu custo por dia.

Logo, você sabe:

» o valor do seu custo diário;
» o valor que está descoberto por 30 dias, até receber o pagamento do cliente.

Equação para calcular o capital de giro necessário para bancar esse período

Parte 1

Custo diário × 30 dias do mês

Parte 2

Você precisa ter uma noção do valor de estoque mínimo necessário para manter o negócio funcionando (para quem está abrindo uma empresa, é o estoque mínimo para iniciar o negócio). Qual é o valor de estoque, isto é, o quanto de dinheiro é preciso investir para garantir o estoque?

Assim, temos:

Custo diário × 30 dias do mês + custo de estoque mínimo = valor total do capital de giro necessário.

Investimentos pré-operacionais

No planejamento financeiro do seu plano de negócios, você precisa considerar todas as despesas necessárias antes de você efetivamente abrir a empresa.

Chamamos de *investimentos pré-operacionais* os gastos que não são caracterizados com *bens* (como móveis, maquinário, automóveis etc.), mas são necessários para a implementação do negócio. Inclui, por exemplo, as taxas e os impostos que você vai pagar para abrir a empresa e as demais despesas, como fazer uma obra no espaço, pintar as paredes, consertar a parte elétrica, além de treinamento de pessoal e divulgação.

Por exemplo, como custo pré-operacional, você pode considerar a contratação de:

- » Empresa de engenharia e/ou arquitetura.
- » Consultoria especializada para treinamento de pessoal.
- » Divulgação on-line e off-line. (Aqui, a sugestão é você considerar a divulgação como um custo variável mensal).

Veja um exemplo de despesas pré-operacionais (os valores são fictícios, pois variam de acordo com o município).

Despesas para legalização da empresa	Valor investido (R$)
Contato social para abertura da empresa	R$ 500 (valor pago ao contador)
Alvará do Corpo de Bombeiros	R$ 100
Alvará sanitário	R$ 155
Alvará de licença	R$ 250
Despesas de projeto	**Valor investido (R$)**
Projeto de engenharia para reforma	R$ 5.000
Reformas em geral, estoque	R$25.000
Treinamento de pessoal	R$ 6.000
Divulgação e publicidade	R$ 4.000
Outras despesas não relacionadas (podem surgir a qualquer momento)	R$ 2.000
TOTAL	R$ 43.005

 Atenção!

É fundamental estabelecer um período para você recuperar o seu investimento inicial. Para isso, você precisa saber quanto a sua empresa vale, quais são os custos e as despesas iniciais.

Use a tabela-exemplo a seguir como base para os seus cálculos. Ao determinar o valor inicial necessário para abrir a sua empresa, organize-se para ter como reserva financeira 20% de quanto vale a sua empresa.

Descrição dos investimentos	Valor investido (R$)
Investimentos fixos para sua empresa começar a funcionar (são bens como móveis, utensílios, veículos etc.)	R$ 30.000

Capital de giro (estimativa do estoque inicial e do caixa mínimo necessário)	R$ 80.000
Investimentos pré-operacionais	R$ 43.005
TOTAL	R$ 153.005

Após somar todos os custos descritos anteriormente, você saberá qual deve ser o valor total de investimento inicial para abrir a sua empresa.

 **Atividade • Entendendo os gastos pré-operacionais**

Preencha a tabela a seguir com todos os gastos pré-operacionais que você teria ao abrir a sua empresa. Ao final, some tudo para encontrar o total.

Descrição dos investimentos	Valor
Despesas de legalização	
Obras ou reformas	
Divulgação	
Treinamento	
Outras despesas	
Total de gastos pré-operacionais	

Agora, faça uma estimativa do valor de investimento inicial necessário para você abrir a sua empresa.

Descrição dos investimentos	Valor investido (R$)
Investimentos fixos	
Capital de giro	
Investimentos pré-operacionais	
TOTAL	

Estimativa de faturamento mensal da empresa

Não é fácil estimar o quanto você pode faturar com a venda de seus produtos ou serviços quando a empresa ainda não está em funcionamento. Mas isso é importante para que você possa prever o seu investimento inicial, incluindo o seu caixa e o caixa mínimo.

De forma bem simples, você precisa saber quantos produtos você precisa vender em um mês, e a qual preço, para que o seu caixa seja positivo.

Para fazer uma estimativa de faturamento mensal da empresa para incluí-la no plano de negócios, você pode começar fazendo uma *avaliação do mercado*. É importante observar quem são seus concorrentes, o quanto eles cobram pela venda dos produtos/serviços e quanto o seu público-alvo está disposto a pagar. Lembre-se: essa projeção deve contemplar um ano inteiro de vendas!

Além disso, é fundamental que você consiga avaliar a capacidade produtiva da sua empresa e as sazonalidades do seu mercado. É bastante incomum que um negócio tenha o mesmo faturamento ao longo dos 12 meses do ano.

Vamos voltar ao exemplo da fábrica de bolos da dona Nina, que fabricará bolos simples de 10 sabores diferentes (laranja, banana, chocolate etc.).

Projeção da dona Nina no plano de negócios	Realidade do mercado
Venda de 500 bolos mensais.	Capacidade produtiva da fábrica da dona Nina: 300 bolos mensais.
Preço de venda: R$50.	Preço de mercado praticado pelos concorrentes: R$ 25
Venda de 16 bolos por dia	A demanda dobra aos finais de semana e feriados e cai pela metade entre as segundas-feiras e as quartas-feiras.

Com base no exemplo anterior, podemos ver que dona Nina está completamente equivocada no planejamento da sua empresa e corre o risco de quebrar antes do primeiro aniversário da fábrica de bolos.

No caso do AlfaCon, além de oferecer cursos presenciais e a distância de preparação para concursos públicos, também publicamos livros didáticos, que são vendidos em diversas livrarias do país.

 Exemplo

Antes de definir quais livros vamos publicar no período de um ano, realizamos uma importante pesquisa de mercado para entender o comportamento de consumo do nosso público-alvo.

Vamos pegar como exemplo um possível livro inovador de Direito Ambiental para a área de concursos.

Para determinar se vale a pena investir nessa área, recorremos a algumas ferramentas disponíveis no mercado editorial para avaliar se o mercado está buscando esse tipo de conteúdo e, caso sim, qual é o preço praticado pelos concorrentes.

Nesse mercado em especial, podemos contar com uma plataforma chamada Nielsen Bookscan, que é oferecida pela empresa estadunidense The Nielsen Company. Eles fazem análises (mensal, semestral e anual) do segmento livreiro, permitindo que os assinantes da plataforma possam realizar pesquisas entre os dados disponibilizados e, assim, entender o comportamento de compra dos clientes em potencial. Por exemplo: Quantos livros de Direito Ambiental existem no mercado? Quantos exemplares são vendidos por mês e por ano? Quais são os principais concorrentes? Qual é o preço cobrado pelos concorrentes?

Em resumo, mesmo já sendo uma empresa estabelecida no mercado, tomamos todas as decisões com base em muito planejamento, pesquisas e avaliações baseadas em dados reais. Esse não é um momento para achismos!

Atenção!

No momento de calcular a projeção de faturamento no seu plano de negócios, é fundamental fazer determinadas perguntas para avaliar se está sendo condizente com a realidade do seu mercado.

Por exemplo, imagine que você projete que, para o primeiro ano (12 meses) do negócio, a empresa precisa vender R$ 80.000 por mês para chegar ao ponto de equilíbrio financeiro.

Reflita sobre as questões a seguir.

» No mercado em que a empresa está inserida, é viável vender R$ 80.000 por mês?
» O que acontecerá se a empresa só faturar R$ 60.000?
» É viável atingir a venda de R$ 80.000 mensais apenas nos 12 primeiros meses da empresa?

Caso alguma das respostas seja não, é indicado que você pense em alternativas. Que tal abrir um negócio menor, por exemplo? Muitos empreendedores quebram no primeiro ano do negócio porque estimam de forma equivocada o faturamento e, consequentemente, têm prejuízo.

Custos de comercialização

Nesse momento do plano de negócios, você vai indicar a estimativa para os gastos previstos com impostos e comissões para vendedores e/ou representantes, caso haja. Obviamente, é um custo variável e precisa ser considerado, porque incidirá diretamente no preço que você vai cobrar pelo produto/serviço.

O cálculo não é difícil: você vai pegar o total previsto para as vendas, calculado no item anterior, e aplicar o percentual referente às comissões e aos impostos (como IRPJ, PIS, Cofins e Contribuição Social, a não ser que a empresa seja optante pelo Simples Nacional).

 **Observação**

Quanto aos gastos com vendas, você deve considerar as comissões, divulgação/publicidade e taxa de administração do cartão de crédito. São muitos detalhes, mas que podem fazer muita diferença no cálculo total, caso esses valores não sejam incluídos!

 Exemplo

Vamos imaginar uma empresa optante pelo Simples Nacional que tem previsão de faturamento de R$ 100.000 por mês (lembrando que os valores são fictícios, apenas para exemplificação).

Descrição	%	Faturamento estimado	Custo total (R$)
Impostos			
Federais – Simples Nacional	6%	R$ 100.000	R$ 6.000
Estaduais – ICMS	11%	R$ 100.000	R$ 11.000
Gastos com vendas			
Comissão da equipe de vendas	3%	R$ 100.000	R$ 3.000
Divulgação e publicidade	1%	R$ 100.000	R$ 1.000
Gastos com taxas de administração do cartão de crédito	1%	R$ 100.000	R$ 1.000
TOTAL			R$ 22.000

Assim, o custo de comercialização total de uma empresa que tem previsão de faturamento de R$ 100.000 por mês é de R$ 22.000.

Custos dos materiais diretos e/ou mercadorias vendidas

Nesse momento do plano de negócios, você vai fazer uma apuração de quais serão seus gastos com Custos de Materiais Diretos (CMD), se sua empresa for uma indústria; ou do Custo das Mercadorias Vendidas (CMV), se sua empresa for enquadrada como comércios em geral. Vamos focar no CMV.

O que esses indicadores representam? Que tudo tem um custo, até os produtos ou serviços que sua empresa vender.

No caso do CMV, o cálculo não é complexo: você vai somar as despesas de produzir e armazenar um produto até que a venda seja concluída.

Equação para cálculo do CMV

CMV = Estoque inicial (EI) + Custo (C) + Devolução de Vendas (DV) – Estoque final

Vamos pensar na dona Nina, que vende seus bolos por R$25 a unidade. Dados importantes:

» **Estoque inicial:** no início do mês, a empresa tinha R$ 3.000 em estoque.
» **Custos:** ao longo de 30 dias, investiu R$ 2.000 em compra de matérias-primas para a fabricação dos bolos.
» **Devolução de vendas:** clientes insatisfeitos devolveram alguns bolos, totalizando R$ 125.
» **Estoque final:** ao final do período, a empresa termina com R$ 2.000 em estoque.

CMV = $ 3.000 + R$ 2.000 + R$ 125 – R$ 2.000 = R$ 3.125.

Isso significa que o Custo das Mercadorias Vendidas (CMV) foi de R$ 3.125.

Razões para calcular o CMV

» **Identificar custos excessivos.** É possível avaliar se há custos desnecessários ocorrendo ao longo da produção.

» **Melhorar o controle de estoque** (em especial, quando os produtos vendidos são perecíveis, como no exemplo da fábrica de bolos). A partir dessa observação, o dono da empresa vai conseguir entender também quais produtos ou serviços são mais procurados pelos clientes.

» **Monitorar o lucro bruto**. Isto é, o lucro sem a dedução dos impostos e despesas fixas. Aqui, é possível perceber, por exemplo, que sua empresa tem um bom lucro bruto, mas, após as deduções, o lucro líquido fica muito aquém do esperado. Com essa avaliação, é possível reduzir ou cortar despesas fixas.

Custos com mão de obra

Antes de começar o seu negócio, você precisa detalhar quantas pessoas vão trabalhar na sua empresa e, inclusive, prever o crescimento do quadro de funcionários ao longo dos meses.

Neste tópico, você precisa considerar que cada funcionário recebe salário, encargos sociais (FGTS, férias, 13º salário, INSS, possíveis horas extras, aviso prévio). Sobre cada salário, você deve aplicar o percentual que é referente a esses encargos. Ao fazer esse cálculo, terá os custos com mão de obra.

A fórmula geral para calcular o custo de mão de obra é:

$$\frac{\textit{Salário + Encargos}}{\textit{Horas Trabalhadas}}$$

Porém, não se esqueça de considerar alguns itens importantes no momento de fazer o cálculo mensal do salário: 13º salário, 1/3 férias, multa FGTS (caso dispense o funcionário) e 10% do FGTS que o governo recolhe quando a empresa faz acerto.

Exemplo

Salário: R$ 1.200
Encargos (FGTS, INSS): R$ 300
FGTS (multas): R$ 500 (inclui 1/3 de férias, 13º salário ou eventuais bônus)
Total: R$ 2.000
Total de horas trabalhadas no mês: 220 horas
Logo, R$ 2.000/220 = R$ 9,09 é o custo pela hora trabalhada.

Custo de depreciação

Todos os bens que existem na sua empresa – o próprio imóvel onde a empresa está localizada, máquinas, computadores, móveis, automóveis etc. – têm vida útil e passam por um processo natural de desgaste pelo uso e/ou pelo tempo, sendo necessária a reposição ao longo dos meses e anos.

Nessa etapa do plano de negócios, você vai precisar relacionar todos esses itens para calcular a depreciação dos bens, isto é, a perda de patrimônio.

É fundamental que esse valor seja calculado corretamente, porque ele será inserido no orçamento da empresa, sendo um custo/despesa. A empresa precisa ter o valor da depreciação de seus bens em caixa para quando for necessário fazer a substituição.

Há dois tipos de depreciação. Veja:

» **Depreciação gerencial:** o cálculo é feito a partir da diferença entre o valor de aquisição e o valor de venda (ou valor residual). Por exemplo, quando adquirimos um bem por determinado valor e, em 3 anos, vendemos pela metade do preço, porque o bem depreciou (seja por uso ou por obsolescência). Há uma perda de dinheiro.

» **Depreciação fiscal (ou contábil)**: nesse caso, a empresa vai fazer um planejamento contábil dos ativos e aplicar a depreciação na dedução de impostos. A tabela de depreciação é fornecida pela própria Receita Federal.

Veja um exemplo simples de como é feito o cálculo da depreciação gerencial.

Qual é o bem?	Notebook
Tempo médio de vida útil	2 anos
Valor do bem	R$ 5.000

Depreciação anual

$$\frac{\text{R\$ 5.000}}{\text{2 anos}} = \text{R\$ 2.500 ao ano}$$

Depreciação mensal

$$\frac{\text{R\$ 2.500}}{\text{12 meses}} = \text{R\$ 208,33 ao mês}$$

A partir desse resultado, podemos verificar que, a cada mês, o notebook vale R$ 208,33 a menos.

Custos fixos operacionais mensais

Como explicamos anteriormente, os custos fixos são os valores que a sua empresa paga mensalmente e que não se alteram, independentemente do volume da produção ou da quantidade de produtos vendidos.

São exemplos de custos fixos: aluguel, luz, internet, salários (incluindo o seu pró-labore), material de limpeza, material de escritório, valor de depreciação de bens (que aprendemos a calcular anteriormente).

Demonstrativo de resultados

Esse é um momento muito importante do plano de negócios. No demonstrativo de resultados (Demonstração do Resultado do Exercícios – DRE), você vai indicar todas as projeções que fez de fatura, estimativas de custos fixos e variáveis e prever o resultado da empresa, isto é, se a projeção é que ela opere com lucro ou prejuízo.

O demonstrativo de resultados tem o objetivo de permitir uma análise da *lucratividade*.

Para calcular o demonstrativo de resultados, é preciso considerar inúmeros indicadores, como receita bruta, CMV, deduções, receita operacional líquida, lucro líquido, entre outros.

Afinal, a minha empresa é financeiramente viável?

Ao longo do desenvolvimento do plano de negócios, você começará a identificar determinados *indicadores* que o farão entender se o negócio é financeiramente viável ou não. Se algum desses indicadores não for positivo, é hora de repensar seu negócio antes mesmo de começar. Vamos a eles.

Ponto de equilíbrio (ou *break even point*)

De forma bem simples, o ponto de equilíbrio é o momento em que o seu empreendimento fatura o suficiente para pagar todas as despesas fixas e variáveis e não sobra nada. Você não tem lucro, mas também não tem prejuízo.

A partir desse momento, você vai conseguir prever o quanto será necessário vender (em termos de quantidade e valor) para que o negócio comece a se pagar e, a partir daí, gerar lucro.

Voltemos ao exemplo da fábrica de bolos.

Depois de fazer os cálculos, dona Nina percebeu que, para atingir o ponto de equilíbrio, precisa vender 500 bolos por mês, mas, de acordo com o plano de negócios, é possível vender apenas 300 bolos por mês. Isso significa que ela não conseguirá faturar o necessário para pagar todas as despesas mensais e ainda terá prejuízo. Ou seja, o *negócio não será viável*. Para o negócio ser viável, é preciso vender mais do que 500 bolos mensais.

Lucratividade

A lucratividade é a relação de lucro × faturamento.

Ainda falando sobre a fábrica de bolos, a dona Nina vai precisar fazer o seguinte cálculo: a cada R$ 100 reais que a loja vender, o quanto realmente sobrará para reinvestir no negócio, depois de pagar todas as despesas fixas e variáveis? A partir desse resultado, é possível observar a lucratividade do negócio.

O que isso quer dizer? Isso significa que, quanto maior a lucratividade, mais competitivo é o negócio. Isto é, sobra mais dinheiro para ser reinvestido em inovação, divulgação, novos projetos, o que torna o negócio cada vez mais competitivo.

Rentabilidade

A rentabilidade é o resultado entre a relação lucro × investimento financeiro que foi feito na empresa.

Para entender melhor, deve-se fazer uma comparação entre o que empreendedor está recebendo após investir no empreendimento × o quanto ele receberia se aplicasse em qualquer outro investimento financeiro.

As perguntas que devem ser feitas são:

» Qual é o valor que retornará para mim após as vendas de cada mês?
» Quanto terei de renda, com base no que investi?

Exemplo

Suponhamos que dona Nina, que deseja empreender na fábrica de bolos no quintal de sua casa, tenha R$ 100 mil. Ela deverá fazer a seguinte análise:

» Se eu investir no negócio A (a loja), receberei R$ 1.000 por mês (1% de retorno).

» Se eu investir no negócio B (carteira de ações), receberei R$ 5.000 por mês (5% de retorno).

A partir daí, será possível calcular se todo o valor que será investido no negócio retornará em resultados financeiros positivos; e se é mais vantajoso investir no negócio do que em outros investimentos.

Prazo de retorno do investimento

O prazo de retorno do investimento é a quantidade de tempo que demorará para que o valor investido seja recuperado pelo empreendedor.

Se dona Nina, dona da fábrica de bolos, investiu R$ 100.000 e recebe R$ 1.000 por mês, vai precisar de 100 meses para recuperar o que foi investido (isto é, pagar o valor do investimento).

Porém, se ela investiu os mesmos R$ 100.000, mas recebe R$ 10.000 por mês, isso significa que, em 10 meses, terá pagado o investimento inicial e poderá começar a usar o dinheiro para reinvestir na empresa.

Quanto menor o prazo para ter o retorno financeiro do valor investido, mais atrativo é o negócio.

Na minha experiência, quando fomos comprados pelo grupo educacional, reinvestimos imediatamente todo dinheiro recebido, tanto no AlfaCon quanto na compra de outra empresa (no caso, os Colégios Alfa). Nosso objetivo primordial era tornar o negócio ainda mais competitivo, não comprar um barco para sair velejando. Tudo a seu tempo!

Avaliação estratégica

Para que você possa compreender o mercado em que sua empresa está inserida e desenvolver as melhores estratégias para alcançar as metas (principalmente as financeiras), é fundamental que o seu plano de negócios tenha uma parte dedicada à análise estratégica.

Com esse tipo de avaliação, você conseguirá estudar o ambiente interno e externo da empresa e, assim, avaliar seus concorrentes, o mercado e fazer possíveis projeções.

 **Atenção!**

Como exercício, você pode aproveitar este momento e se aprofundar na avaliação dos seus concorrentes. Em um quadro, você pode fazer uma comparação entre a sua empresa e os três principais concorrentes, por exemplo.

Você pode incluir ainda itens como: qualidade, preço, condições de pagamento, localização, atendimento, serviços oferecidos ao cliente, tipo de entrega, garantias oferecidas.

Agora, vamos às duas principais ferramentas de análise: *Matriz SWOT* ou *Análise FOFA* e *as 5 forças de Porter*.

Matriz SWOT

Para fazer uma primeira análise estratégica do seu futuro negócio, indico que você desenvolva uma matriz SWOT (em português, análise FOFA [Forças, Fraquezas, Oportunidades e Ameaças]), isto é, uma tabela em que você vai inserir os seguintes dados:

» *Strengths* (Forças).

» *Weaknesses* (Fraquezas).

» *Opportunities* (Oportunidades).

» *Threats* (Ameaças).

Com o desenvolvimento da sua análise, você terá uma visão mais ampla e crítica do seu negócio e do mercado em que deseja investir. Veja o que representa cada item da análise.

Mais uma vez, vamos ao exemplo da fábrica de bolos caseiros da dona Nina para ilustrar a análise FOFA.

FORÇAS	OPORTUNIDADES
São as características positivas da sua empresa, os diferenciais. Inclua tudo aquilo que amplia sua vantagem competitiva. » Cozinheira com anos de experiência na fabricação de doces. » Localização estratégica da loja. » Atendimento personalizado ao cliente	Aqui, você vai observar como tirar vantagem de situações positivas do cenário externo. » Financiamento a juros baixos para microempresas. » Poucos concorrentes no seu bairro. » Aumento de demanda pelo consumo de bolos, estimulada por reality shows na TV.
FRAQUEZAS	AMEAÇAS
Fatores internos que podem atrapalhar sua empresa a alcançar os objetivos. » Falta de verba para contratação de mão de obra. » Pouco maquinário para produção dos bolos. » Falta de capital para investir em publicidade.	Situações externas, geralmente fora do seu controle, que pode gerar dificuldades para a empresa. » Impostos elevados. » Concorrentes usam entrega por aplicativo. » Dólar alto (que encarece o preço da batedeira, que é importada).

 ### Atividade • Montando a sua análise FOFA

Agora que você já conhece melhor o seu negócio, preencha a tabela a seguir com as forças, as fraquezas, as oportunidades e as ameaças do seu negócio.

💪 FORÇAS	🔭 OPORTUNIDADES
🔍 FRAQUEZAS	⚠️ AMEAÇAS

As 5 Forças de Porter

Outra importante teoria usada para realizar a análise estratégica do seu negócio chama-se *as 5 forças de Porter*, que foi desenvolvida pelo professor estadunidense Michael Porter (Harvard Business School).

Essa teoria se volta para:

» ameaça de produtos substitutos;

» ameaça de entrada de novos concorrentes;
» poder de negociação dos clientes;
» poder de negociação dos fornecedores;
» rivalidade entre os concorrentes.

Com base nessa teoria, você poderá identificar qual são as principais influências competitivas do seu mercado e, assim, desenvolver estratégias para se tornar mais competitivo. Por exemplo: quem ameaça mais o seu negócio? Novos entrantes? O poder de barganha do cliente?

Entenda a seguir como usar as 5 forças de Porter para fazer uma análise estratégica do seu mercado.

Ameaça de produtos substitutos	Novo produto ou serviço que pode ser usado no lugar de um produto ou serviço já existente.
Ameaça de entrada de novos concorrentes	É importante considerar o crescimento do segmento de mercado, crescimento da economia, ou qualquer outro cenário que estimule a entrada de novos empreendedores.
Poder de negociação dos clientes	Caso o segmento tenha poucos clientes, por exemplo, o cliente terá poder para pedir um prazo maior de pagamento ou desconto.
Poder de negociação dos fornecedores	Imagine um segmento em que há o monopólio de um fornecedor, que pode estabelecer os preços e prazos de pagamento que desejar.
Rivalidade entre os concorrentes	Quanto maior for o número de empresas em um segmento do mercado, maior será a competição em busca do cliente.

 **Atividade • Montando a sua análise com base nas 5 forças de Porter**

Assim como na atividade anterior, faça uma avaliação do seu mercado, concorrentes, clientes e fornecedores.

Ameaça de produtos substitutos	
Ameaça de entrada de novos concorrentes	
Poder de negociação dos clientes	
Poder de negociação dos fornecedores	
Rivalidade entre os concorrentes	

Plano de negócios e as lições aprendidas

Agora que vimos todas as etapas do plano de negócios, você pode de fato mergulhar no desenvolvimento do seu planejamento.

Como expliquei, todo negócio, antes de sair do papel, precisa ser bem planejado. Sem essa ferramenta, o empreendedor provavelmente nem conseguirá sair do lugar.

Quando comecei meus empreendimentos, nunca tinha ouvido falar disso, o que tornou a minha vida de empresário bastante caótica.

Se você não consegue definir bem o que é a sua empresa, o que ela faz/produz/oferece, quem é o seu público-alvo, qual é a sua estratégia de negócios, onde você está e aonde você quer chegar, são grandes as chances de você se perder no meio do caminho e quebrar. Não queira isso!

Tenha em mente importantes lições que você deve levar para a vida de empreendedor.

1. É fundamental aprender a precificar seu produto ou serviço. A margem é formulada em cima de diversos conceitos técnicos que incidem sobre o seu negócio (impostos, reinvestimento, margem de lucro, custos fixos, frete etc.).

2. O preço do seu produto deve ser condizente com o preço que é praticado pelo mercado. Faça sempre pesquisas de mercado para garantir que seu produto está com preço competitivo. O preço ideal para o seu produto ou serviço deve cobrir os custos e as despesas, mas também deve estar de acordo com o preço praticado pelos seus concorrentes.

3. Planeje constantemente o futuro da sua empresa, isto é, fique sempre de olho nas receitas e nas despesas. Você não pode gastar tudo o que ganha e precisa ter mapeados todos os valores que precisará pagar no curto, médio e longo prazos. Se você não fizer isso, corre sério risco de se enrolar.

4. Defina metas de receita superiores aos gastos da empresa. Parece um tanto óbvio, mas nem todos os empreendedores entendem esse ponto. É importante traçar metas financeiras reais para a sua empresa e implementar estratégias para que elas sejam atingidas.

5. Tenha atenção ao fluxo de caixa. Gerencie em detalhes tudo o que entra e tudo o que sai, principalmente para não ter sustos ou ficar descoberto. Você não sabe o quanto vai entrar, mas tem como prever tudo o que vai sair.

6. Mantenha um estoque enxuto do seu produto. Se você vai começar agora um negócio, cuidado para não gastar dinheiro em excesso com a compra de produtos ou insumos. Não queira aproveitar qualquer promoção que o seu fornecedor oferecer, só por causa do preço. Tenha matéria-prima disponível para produzir apenas o necessário para aquele momento.

7. Controle os gastos e as receitas de perto. É preciso saber em detalhes tudo o que você vai pagar e tudo o que você vai receber, incluindo os respectivos prazos.

8. Não misture o dinheiro da pessoa jurídica (empresa) com o dinheiro da pessoa física (você). Não use o dinheiro da empresa para pagar a escola dos filhos ou o restaurante do final de semana, porque você vai se enrolar. Não é porque sua empresa vendeu mais do que o projetado em determinado mês e você teve um bom lucro, que esse cenário vai se repetir nos meses seguintes. É preciso ter cautela sempre.

9. Estude as melhores formas de captar recursos para a sua empresa. Se não houver opção e você precisar buscar crédito em instituições financeiras, avalie as melhores propostas, incluindo taxas e prazos de pagamento.

10. Não normalize a ideia de pegar empréstimos. Tente renegociar com fornecedores, reduza custos, mas evite ao máximo pegar dinheiro emprestado em instituições financeiras.

CAPÍTULO 13

Desafios do Empreendedor

Como temos visto ao longo dos capítulos, empreender não é fácil, principalmente no Brasil. Apesar dos inúmeros obstáculos, uma pesquisa indicou que 76% dos brasileiros entrevistados prefeririam ter um negócio próprio a serem empregados ou funcionários de terceiros.[4]

Selecionamos alguns dos desafios mais complexos que enfrentamos como empreendedores e indicamos suas possíveis soluções.

Gestão de pessoas

No AlfaCon, temos a preocupação de começar com o pé direito desde o momento da seleção de candidatos para as vagas abertas. Além disso, investimos pesado na qualificação e no treinamento dos nossos colaboradores e os premiamos com promoções baseadas na meritocracia. Buscamos criar um ambiente livre para compartilhamento de ideias e sugestões, e oferecemos uma série de programas de incentivo e

---

4 Endeavor Brasil e J.P. Morgan. *Desafios dos Empreendedores Brasileiros*. Disponível em: <https://bit.ly/2ZkaOhF>. Acesso em: 16 fev. 2021.

benefícios. Funcionários felizes e com sensação real de reconhecimento vestem a camisa!

Processos de contratação

Temos o cuidado de fazer um processo de seleção bastante transparente, geralmente divulgando as vagas abertas em sites específicos para busca de vagas de emprego, LinkedIn, redes sociais ou até mesmo em nossa base de clientes/alunos.

Ao final do processo, todos os candidatos recebem um retorno em relação à contratação. Caso o feedback seja positivo, o candidato passará por mais uma conversa de formalização da proposta de emprego, para garantir que o futuro colaborador esteja de acordo com as especificações da vaga.

Lembre-se: o *feedback*, seja ele positivo ou negativo, é imprescindível e fundamental para encerramento de um processo seletivo! É a imagem da sua empresa que está em jogo.

Integração dos novos colaboradores

Todos os cuidados são tomados para que o colaborador seja apresentado para toda empresa e sinta-se, de imediato, acolhido e parte da instituição. Isso inclui o recebimento do "Kit Boas-vindas, Alfartano", composto por crachá, uniforme, cartão de missão, visão e valores da empresa, livro do CEO e do início da história do AlfaCon, cartilha de instruções, kit mesa (*mouse pad* e apoio para mãos) e uma caneca.

Além disso, realizamos programas específicos, como o "Onboarding Alfartano", que prevê uma agenda programada para a semana inicial do novo colaborador, incluindo conhecer todos os setores da empresa.

Missão, visão e valores bem-definidos

Comportamentos, ações e inspirações de todos nossos colaboradores, líderes e diretores são vividos e guiados pelas missões e valores da empresa. Por meio deles, ilustramos todo foco e sentimentos que temos em relação a nossos clientes e toda sociedade.

Estimulamos uma série de comportamentos e atitudes entre os nossos colaboradores. Veja alguns deles.

- » Ser franco e leal.
- » Usar a franqueza sempre para o crescimento.
- » Ser leal consigo e com quem está com você, apoiando e ajudando a crescer e ser melhor.
- » Tratar todos da maneira como gostaríamos de ser tratados.
- » Ser gentil e usar de cortesia para com todas as pessoas.
- » Ser acolhedor com todos.
- » Ser ético.
- » Não espere, faça acontecer!

Diálogo com os colaboradores

O líderes, diretores e presidente elencam uma boa e efetiva comunicação como um dos pontos mais importantes da empresa. Por isso, desenvolvemos várias formas de comunicar as informações internas entre todos os níveis de hierarquia, como métodos de reuniões entre todos os níveis hierárquicos, café com CEO, intranet e o AlfaCon News.

Gestão financeira

A parte financeira da empresa é um dos principais pontos de dúvida dos empreendedores. Por isso, repito: se você está abrindo um negócio e não tem experiência nas áreas de administração, contabilidade e finanças, busque pessoas qualificadas – incluindo um bom contador – e estude. Só paixão pelo seu negócio não é suficiente para manter a empresa de pé.

Captação de recursos

Atualmente, 66% dos brasileiros que desejam empreender não o fazem por falta de recursos. Por isso, embora 3 em cada 4 brasileiros prefira empreender, apenas 19% acham muito provável abrir um novo negócio nos próximos cinco anos. Os dados alarmantes são do Sebrae.[5]

A verdade nua e crua é: bancos não emprestam dinheiro a novos empreendedores. A maioria esmagadora dos empresários que está começando não sabe como e onde captar recursos e, por isso, usa dinheiro próprio. Um dos principais problemas em fazer isso é que, ao colocar o seu dinheiro (que nem sempre é muito), você não está gerando fluxo de caixa.

Isso quer dizer que, se você investe seu próprio dinheiro e não recebe esse valor no mesmo mês (por meio da venda dos seus produtos ou serviços), você vai se enrolar. Por isso, em 8 meses, quase 70% as empresas brasileiras se extinguem. Em 2 anos, são quase 90%.

Para que uma empresa possa crescer, é possível captar recursos de algumas formas. No começo do AlfaCon, precisei vender carro, moto e pegar empréstimos para poder investir na empresa e gerar a manutenção do negócio. Não é o mais indicado, mas, no meu caso, foi necessário. Quando comecei a ganhar dinheiro, tratei de pagar todas as dívidas, para que eu pudesse continuar com crédito na praça.

Caso não seja uma opção para você pegar dinheiro próprio para injetar no negócio, existem alternativas interessantes, que precisam ser avaliadas junto com sua equipe especializada.

---

5 Sebrae. *Empreendedores Brasileiros – perfis e percepções 2013*. Disponível em: https://bit.ly/2ZkaOhF. Acesso em: 15 fev. 2021.

Forma de captação de recursos	Como funciona
Aceleradoras de startups	São empresas que preparam o seu negócio para receber um aporte financeiro. Esse tipo de programa dura cerca de 6 meses.
Investidor-anjo	Pessoa física que investe em um negócio em sua fase inicial e assume todos os riscos. Esse método de investimento foi usado por empresas como Google, Facebook e Apple. Para entender melhor o papel do investidor-anjo, sugiro a leitura do livro *De Zero a Um*, de Peter Thiel, cofundador do PayPal e investidor-anjo do Facebook.
Assessorias técnicas	O Sistema Firjan, por exemplo, faz a ponte entre empreendedor e agências governamentais, instituições financeiras etc.
Fusões e aquisições	Uma empresa abre capital na Bolsa de Valores para captar recursos e poder expandir. Foi o processo pelo qual o AlfaCon passou ao ser comprado pelo grupo educacional.
Empréstimos familiares	Dependendo do tamanho do seu negócio, pode ser mais seguro e mais em conta, quando se deseja abrir um negócio sem capital próprio.

Fluxo de caixa

O fluxo de caixa permite que o um terço presente e do futuro. É uma ferramenta fundamental para que seja possível avaliar a disponibilidade de caixa (dinheiro!) e a liquidez da empresa. Esse tema é muito perigoso e precisa de atenção!

Em um negócio, dinheiro é rei. É difícil prever o quanto você vai vender por mês, mas você consegue prever o quanto vai *gastar*. Assim, é fundamental fechar a torneira, dar uma congelada nos gastos, principalmente para passar com mais tranquilidade por momentos difíceis. Existem crises que vêm do nada, como a pandemia da covid-19, e, se você não tiver um bom dinheiro guardado para pagar as despesas fixas, tem grandes chances de quebrar.

Lembre-se de que, em épocas de crise, você não vai conseguir crédito nos bancos, por isso, cuide do seu fluxo de caixa!

No AlfaCon, usamos uma regra básica para manter o fluxo de caixa: temos guardado, pelo menos, 6 vezes o valor das despesas mensais. Novamente, vamos pensar na fábrica de bolos caseiros da dona Nina para exemplificar. Se as despesas fixas forem R$ 4.000/mês, o fluxo de caixa deve ser de, pelo menos, R$ 24.000. De acordo com o Sebrae, grande parte das empresas só tem fluxo de caixa para 22 dias úteis. Depois desse período, estão zeradas.

Por que cuidar do seu fluxo de caixa?

- » Evitar dificuldades financeiras, especialmente em épocas de crise.
- » Ficar menos dependente de recursos externos, como empréstimos de bancos.
- » Reduzir despesas sem comprometer o lucro.
- » Planejar possíveis investimentos.
- » Planejar solicitação de empréstimo, caso realmente necessário.
- » Permite negociar melhor o pagamento de fornecedores, se necessário.

Passo a passo para criar o seu fluxo de caixa

Passo 1 - Registre todos os recebimentos	» Vendas à vista – faça uma média diária das vendas para obter esse valor. » Vendas parceladas. » Notas fiscais. » Rendimentos de aplicações.
Passo 2 - Registre todos os pagamentos	» Compras à vista. » Compras parceladas. » Pagamento de notas fiscais. » Pagamento de despesas fixas – luz, água, salários, internet, pró-labore, contador, materiais de escritório etc. » Pagamentos extras.

Passo 3 - Previsões	» Relação de todos os pagamentos previstos.
	» Relação de todos os recebimentos previstos.

Ao analisar seu fluxo de caixa, você consegue traçar estratégias para o crescimento da empresa ou reverter situações negativas.

Jurídico e regulação

Empreender no Brasil significa lidar com uma burocracia absurda e um sistema tributário complexo (como expliquei no Capítulo 3). Mas, para que você possa começar seu negócio e crescer, formalizar-se é fundamental.

Burocracia

O Banco Mundial tem um projeto chamado *Doing Business*, que analisa dados referentes a 189 países para entender o grau de facilidade de se fazer negócio internamente. De acordo com o último relatório, de 2016, é preciso esperar 101,5 dias para abrir um negócio no Brasil. Nos Estados Unidos, acredite se quiser, são necessários apenas quatro dias para abrir uma empresa.

Além de considerar esse tempo para a abertura da empresa, o empreendedor brasileiro precisa levar em conta os impostos para iniciar o negócio e taxa de registro da empresa. Se formos comparar com um empreendedor chileno, o brasileiro vai pagar seis vezes mais para ter sua empresa regularizada. É penoso!

Para começar, você vai precisar dar entrada em alguns documentos fundamentais. Veja.

Documento	O que é?	Passo a passo
Cadastro Nacional de Pessoa Jurídica (CNPJ)	É a identidade da pessoa jurídica.	É necessário ir à Receita Federal do município, com a identidade dos donos da empresa (original e cópia), comprovante de residência, CPF, endereço do negócio e contrato social.
Contrato social	Será utilizado para solicitação do CNPJ.	Deve ser solicitado a um advogado e assinado pelos sócios. O documento deve conter nome dos sócios, quem são os donos e as atribuições de cada um, nome de registro da empresa, capital inicial e divisão das ações. Deve ser registrado em cartório.
Registro na Junta Comercial	A "certidão de nascimento" da pessoa jurídica, sendo necessário para a solicitação de outros documentos. O empreendedor receberá o Número de Identificação do Registro de Empresa (NIRE).	O registro é feito na junta comercial do município. Os sócios devem levar o contrato social, os documentos da empresa (com as cópias autenticadas) e o comprovante de endereço da empresa.
Inscrição Estadual	Registro da empresa no estado, para que sejam cobrados os impostos devidos.	Em geral, essa solicitação é feita pela internet, sendo necessário o apoio de um contador.
Inscrição Municipal	Registro na prefeitura do município (em caso de empresa de serviços).	O processo varia conforma as regras de cada município.

Alvará de funcionamento	Autorização de funcionamento dado pela prefeitura.	A solicitação é feita na prefeitura de cada município.
Alvará do Corpo de Bombeiros	Alvará de Prevenção e Proteção Contra Incêndio (APPCI).	A solicitação é feita no site da corporação dos Bombeiros.
Alvará da Vigilância Sanitária	Indicado para empresas em que há manuseio e armazenamento de alimentos.	Documentação indicada no site da Vigilância Sanitária de cada estado.
Licença ambiental	Necessária, dependendo do tipo de empresa (perfumaria, cosméticos etc.)	A solicitação é feita ao Sistema Nacional do Meio Ambiente (Sisnama).
Cadastro na Previdência Social	Requisição do cadastramento da instituição e de seus responsáveis legais para pagamento dos tributos relacionados.	O cadastro é solicitado na agência da Previdência Social da sua jurisdição.
Instrumentos fiscais	Autorização para emissão de notas fiscais e autenticação de livros fiscais.	A solicitação é feita na prefeitura de cada município.

Planejamento tributário (ou fiscal)

A parte dos impostos é um dos calos do empreendedor brasileiro, como expliquei no Capítulo 3. Em geral, os tributos que você vai pagar equivalem a 1/3 da sua receita. No AlfaCon, temos uma equipe qualificada, que toma as decisões e faz as escolhas legais que vão impactar a forma de pagar os tributos e valores recolhidos.

Por que é importante fazer um planejamento tributário?

» Reduzir qualquer valor pago em impostos significa ter mais dinheiro para investir em outras áreas, o que permite melhorar a competitividade e aumentar a lucratividade.

» É uma despesa alta, calculada em cima do total que você recebe. Ou seja, não pode dar bobeira!

» Evitar pagamentos desnecessários, já que nem todos os tributos são obrigatórios.

» Como existem formas de escolher como pagar os tributos, você pode controlar melhor seu fluxo de caixa.

Inovação

Inovar significa investir em ferramentas, sistemas ou processos que vão permitir que seu negócio produza mais e melhor, com redução de custos e em um menor período. O resultado? Você vai se tornar mais competitivo e conseguir entregar um produto ou serviço melhor do que o seu concorrente, com um preço mais atraente para o cliente.

Em 2011, observamos que o mercado de cursos preparatórios era basicamente telepresencial. Ou seja, os alunos estudavam por meio de vídeos gravados de forma tosca e nada profissional e precisavam ir até o curso para assistir às aulas em uma TV.

Conhecendo o cenário do nosso mercado e o que era oferecido pelos nossos concorrentes, investimos na compra de novos equipamentos, construímos um estúdio, contratamos profissionais qualificados e começamos a produzir um conteúdo com qualidade superior ao que era oferecido até então.

Porém, é preciso ter atenção nesse ponto. É fundamental estudar bastante e pesquisar para entender que tipo de inovação faz sentido para o seu negócio. Após a implementação da inovação, é fundamental *sempre* avaliar e reavaliar os resultados, para decidir os próximos passos.

Em 2013, por exemplo, decidimos implementar franquias do AlfaCon que fariam transmissão de aulas via satélite. Naquele momento, a transmissão de aulas via internet já estava decolando e imaginamos que investir em transmissão via satélite não daria certo, mas experimentamos para que pudéssemos ter dados que balizassem a nossa decisão de abandonar a ideia. Testamos essa inovação por 6 meses, avaliamos os resultados, vimos que não funcionou e abandonamos. É preciso inovar, mas também é preciso saber recuar.

Outro ponto muito importante é saber como usar a tecnologia e a inovação a seu favor. Em primeiro lugar, é fundamental que você tenha o máximo de dados (isto é, conhecimento) sobre seus clientes. Quem eles são, como compram, que produtos preferem, sazonalidades. Em segundo lugar, saiba como usar esses dados a favor da sua empresa. A partir dessas informações, você poderá tomar novas decisões, rever planejamentos, interromper processos que não estão dando resultado, tudo com embasamento.

Entre o final de 2013 e início de 2014, no período em que estávamos conversando com o Conselho Administrativo do grupo investidor, o Jadson, sempre muito antenado, fez uma importante avaliação a partir dos nossos dados de venda: naquele momento, cerca de 0,5% dos nossos negócios eram fechados pelo celular. Ele olhou para a gente e disse "isso aqui é o futuro!", mas nenhum de nós deu bola.

Porém, entre uma reunião de conselho e outra, num período de três meses, houve aumento de 500% no fechamento de negócios pelo celular. Ainda no primeiro semestre, as vendas via aparelho celular chegaram a 7% do faturamento do *e-commerce*. Não dava mais para negar que aquilo era importante! Fomos imediatamente atrás de uma empresa desenvolvedora de aplicativos, para que pudéssemos criar um ambiente mais amigável para o nosso aluno. No final do ano, os negócios feitos pelo celular já chegavam a 30% do nosso faturamento! Se não tivéssemos um cara totalmente focado em inovação, teríamos perdido o bonde.

Uma ideia de que gostamos muito é do darwinismo aplicado aos negócios. Como todo mundo sabe, Darwin, famoso pela Teoria da Evolução das Espécies, é aquele sujeito que falou sobre a seleção natural: só os mais adaptáveis a mudanças sobrevivem.

Essa teoria pode ser perfeitamente aplicada aos negócios: as empresas que não se renovam, que não investem em inovação, ficam para trás, perdem em competitividade e morrem.

Para uma empresa crescer, ela precisa testar constantemente novos processos, desenvolver novos produtos, enfim, testar novas hipóteses. Muitas dessas hipóteses vão falhar! Mas é a validação dessas hipóteses que vai determinar o futuro da empresa, isto é, o melhor rumo que a empresa deve tomar.

Podemos fazer uma analogia aqui: se você não inovar no seu negócio, você vai se tornar o leão-marinho que insiste em subir montanha. Você simplesmente não vai conseguir fazer!

Um exemplo de que gosto muito é do iPod, lançado pela Apple em 2001. Esse tocador de músicas veio revolucionar o mercado! Mesmo com tamanho pequeno e pouco peso, ele conseguia armazenar o equivalente a mais de mil músicas com qualidade de CD. Pelas minhas contas, um iPod equivalia a umas 50 fitas cassete Basf que eu tinha com gravações de aulas. Para se ter noção, o primeiro iPhone já era mais potente que o computador que levou o homem à Lua.

Em resumo, sempre priorize a inovação no seu negócio. O investidor estadunidense Peter Thiel, autor do livro *De Zero a Um* e investidor-anjo do Facebook, diz que a competição é para os fracos. Segundo ele, quando você tem o monopólio, você sai da média e tem boas margens de lucro. E isso só acontece quando você começa a se diferenciar, seja no produto ou no serviço que oferece, ou na forma como oferece, por exemplo. Imagine um sujeito que abre dois quiosques que vendem água mineral em uma rodoviária em que não há lojas de bebidas. O monopólio é dele.

Exemplos de inovação

Se você quer abrir uma loja de roupas, você pode inovar com novo atendimento ou instalar um painel para expor os produtos.

Se você quer investir no ramo de restaurantes, pode criar novas linhas e produtos, oferecendo essas opções para poucos clientes, como forma de teste, para avaliar a receptividade.

Com a pandemia, muitos empresários brasileiros do ramo da gastronomia precisaram se reinventar em 2020. Com a queda de público em seus restaurantes, alguns gestores lançaram um aplicativo chamado CJ Food, que disponibiliza cardápio de restaurantes de alto padrão, como Fasano, Parigi e Gero. O CJ Food é uma nova opção para clientes que desejam comida de qualidade, preparada por chefs renomados, e não se sentem contemplados pelos restaurantes disponíveis no iFood ou no Uber Eats. No seu segmento, o CJ Food tem o monopólio.

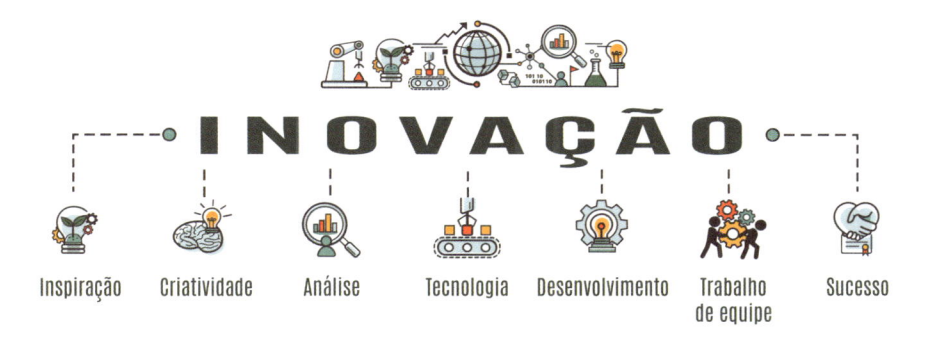

Faça pequenos experimentos

No AlfaCon, utilizamos muito o conceito de Produto Mínimo Viável (PMV) antes de lançar efetivamente um produto.

O PMV significa criar uma versão mais simples e enxuta do produto, com o mínimo de investimento, para testar e avaliar a receptividade dos clientes. Nunca lançamos um produto ou um recurso novos passando por todo processo de construção do negócio. Fazemos um pouquinho e testamos. São várias pequenas mutações que, assim como no ser humano, tornam o negócio mais forte.

Na busca pelo monopólio e pela diferenciação para obter margens de lucro melhores, é possível fazer algumas inovações no seu negócio: implemente um novo canal de vendas e teste; troque de fornecedor e teste; mude um meio de pagamento e teste. Daqui a 100 modificações, seu negócio será completamente novo. Lembre-se: dá o mesmo trabalho gerenciar um negócio tradicional ou um negócio inovador. No caso do negócio inovador, você ainda vai ter uma margem de lucro melhor.

CAPÍTULO 14

Lições para Empreendedores

Ao longo da minha experiência como empreendedor, aprendi com meus acertos, mas, principalmente, com os meus erros. Compartilho agora valiosas lições que vão ajudar na sua trajetória.

Motivação do empreendedor

Como tenho falado desde o começo do livro, você precisa descobrir o que ama fazer. Se você não sabe, vá testando até descobrir. Foque em algo que você gosta e se pergunte se aquilo o faria acordar bem-disposto numa segunda-feira.

Assim, ao investir em um negócio, invista em algo em que você *acredita*. Tenha obstinação pela área, mas sempre levando em consideração qual é o seu *perfil de empreendedor*. Não é porque você gosta de trabalhar com bebidas, que vai ser bem-sucedido vendendo água na praia, por exemplo – principalmente se você odiar estar embaixo do sol.

Eu, por exemplo, expandi meu negócio na internet, mas meu perfil, minha essência, é estar no palco, em contato direto com os alunos em sala de aula ou auditórios. Ou seja, enquanto empreendedor, meu perfil é sempre investir em negócios físicos. Já o Jadson tem um perfil totalmente voltado para o on-line. Antes de investir, avalie e busque entender o que mais combina com você.

Além disso, volto a ressaltar a importância da automotivação para o bom desenvolvimento do seu negócio. Mas lembre-se de que a motivação só funciona por tempo prolongado se você tiver um propósito. O meu propósito é mudar a vida da galera! Temos três líderes juniores e masters em treinamento no AlfaCon, e meu objetivo é fazer com que eles cresçam e sejam influenciadores de outros jovens.

Também é muito importante criar um produto ou serviço que resolva, antes de tudo, o *seu* problema. Seja o primeiro cliente do seu produto e o principal incentivador do seu negócio. Não invista num produto ou serviço que você mesmo não usaria ou que não faria sentido para você. Criei um produto – um curso preparatório com técnicas e ferramentas específicas de estudo – para atender a minha própria necessidade de estudar para concursos públicos. Seja seu primeiro e mais entusiasmado cliente.

Aprenda que as coisas dão errado

No seu dia a dia como empresário, você terá que lidar com as merdas do dia, da semana, do mês. Simplesmente aprenda a lidar com isso! É muito fácil para qualquer ser humano comemorar as vitórias, por isso, estruture-se financeira e emocionalmente para quando as coisas saírem do planejado. É fundamental ter resiliência para dar a volta por cima.

Acredite, as pessoas não foram projetadas para fracassar nas empresas. O AlfaCon só cresce porque ficamos felizes e comemoramos quando batemos as metas, mas, no primeiro dia do mês seguinte, já estamos focados nas metas e planejamentos que vêm por aí. Não nos deixamos deslumbrar.

Além disso, aprendemos a lidar com as adversidades que inevitavelmente surgem ao longo do caminho. Na nossa área de concursos públicos, por exemplo, somos muito dependentes dos governos, que podem reduzir ou suspender concursos a qualquer momento. Se você entender que as coisas vão dar errado e que você precisará lidar com isso, já vai sair na frente.

Saiba valorizar e premiar as suas equipes

As pessoas se sentem valorizadas e validadas quando suas ideias são discutidas e implementadas. Estabeleça metas e objetivos claros para as suas equipes e premie os melhores resultados. Reconhecimento motiva qualquer funcionário e vai fazer com que as pessoas vistam a camisa do seu negócio. Mostre que seu negócio é meritocrático, ou seja, que as pessoas são avaliadas e premiadas/promovidas pelos resultados que produzem, independentemente do tempo de casa.

Construa uma visão de longo prazo

Meu objetivo no AlfaCon sempre foi ser o maior curso preparatório para concursos públicos do país. Hoje, depois de tanto trabalho, investimentos e resultados positivos, sabemos que temos *know-how* e capacidades de sermos os maiores da América Latina.

Mesmo que seu negócio comece pequeno, faça planos e trace metas ambiciosas de crescimento. Por exemplo, no seu segmento, queira ser o maior do seu bairro, da sua cidade e do seu estado. São essas metas claras e objetivas que vão motivar você a manter o foco no negócio.

 **Atenção!**

Não aceite como verdade absoluta tudo o que você lê ou assiste na internet. Propostas como "ganhe de R$ 1.000 a R$ 100.000 por dia, sem produto e sem experiência" se chamam fraude! Tenha calma e seja crítico. Cuidado com quem vende vento com a promessa de que você vai ficar milionário em pouco tempo. Ser bem-sucedido leva muito tempo e depende de muitos erros, que você inevitavelmente vai cometer. De fracasso em fracasso, você chega lá.

Aprenda a mudar de ideia quando os dados mostram que você está errado

Sempre que implementar uma ação ou tomar uma atitude no seu negócio, teste e avalie os resultados. É com base nos *dados* obtidos que você deve tomar decisões, propor mudanças ou implementar novas iniciativas. Opinião por opinião, cada um tem a sua. Foque nos dados, que sempre vão indicar o caminho correto. Aprenda a ser mais analítico, a avaliar o cenário e a buscar o resultado concreto dos experimentos que você implantou na sua empresa.

Seu negócio vai crescer e seguir pelo caminho certo se você trabalhar com base em dados, não em achismos.

Como contei anteriormente, notamos que, em determinado ano, as vendas de cursos por celular representavam 0,5% das vendas. No ano seguinte, as vendas por celular pularam para 2%. Para o terceiro ano, estimamos um crescimento de 4% nas vendas por celular, mas, para a nossa surpresa, as vendas por *mobile* atingiram os 7%. No ano em que estimamos crescimento de 4%, crescemos para 7% já em fevereiro! Ou seja, olhamos nossos dados, avaliamos e pudemos mudar de estratégia a tempo.

Em resumo, se você for tomar qualquer decisão no seu negócio, use como base os *dados*.

Se você confia no negócio, não desista. Vibre na mesma intensidade nas derrotas e nas vitórias

Ao longo dos anos, principalmente no começo, nem sempre implementamos ações que deram bons resultados. Por exemplo, já fizemos ações em que investimos R$ 494 mil e ganhamos apenas R$ 50 mil. Ou seja, tivemos um baita de um prejuízo!

Desde que lançamos o *Fábrica de Valores*, em 2011, é claro que tivemos prejuízos. Mas sempre encaramos cada ação como uma experimentação e usamos os resultados negativos como aprendizado. Se um erro for um aprendizado, já valeu. Lembre-se: na área de Inovação, 70% das ações implementadas dão errado. Faz parte!

Minha dica para você é: não diga "Não consigo". Não! O correto é dizer: "Eu *ainda* não consigo". Foque no que você quer e corra atrás. Você vai cair, sim, mas também vai se levantar.

As três fases necessárias de Schopenhauer

O filósofo Arthur Schopenhauer nasceu, na Polônia, em de 1788, e é conhecido como o filósofo da representação e da vontade. Nesse contexto, a vontade seria a própria essência do "eu" de cada ser humano.

Conheça as três fases necessárias de Schopenhauer:

1. Deboche.
2. Críticas.
3. Verdade incontestável.

No passado, fomos muito debochados quando falamos que seríamos o maior curso preparatório para concursos públicos do Brasil, em especial porque o grupo educacional que comprou parte de nossas ações era dona de empresas muito maiores que a nossa. As pessoas criticavam, diziam que éramos sem-noção e distantes da realidade.

Em vez de esmorecer e abaixar a cabeça, seguimos em frente, trabalhando cada vez mais duro, investindo em aprimoramento pessoal e profissional, estudando nosso negócio, desenvolvendo estratégias para superar nossos concorrentes. Os resultados começaram a aparecer: aprovávamos cada vez mais alunos em concursos públicos.

A partir do nosso crescimento consistente e por apresentar resultados incomparáveis, provamos que não somos passíveis de críticas ou deboche por pensarmos grande. Ao contrário: pensar grande e estabelecer metas desafiadoras foi o que nos impulsionou a buscar sempre mais e melhor.

Hoje, com o AlfaCon do tamanho que é, como vão nos criticar? Somos reconhecidos como um *pool* de qualidade no país. Somos comprovadamente a empresa do nosso segmento que mais entrega resultados e mais aprova alunos em concursos públicos. Um ótimo exemplo de como crescemos e nos tornamos referência é o sucesso do PAP, um programa de alta performance que as pessoas buscam para se especializar, porque sabem que somos *top of mind* em qualidade. Hoje, o AlfaCon é uma verdade incontestável!

Em resumo, se você disser que o seu negócio vai ser grande e bem-sucedido, pode esperar pelo deboche e pela crítica. Mas siga em frente, levantando-se após cada queda, que você vai virar naturalmente uma verdade incontestável. Basta ser paciente e trabalhar sempre dando o seu melhor.

Invista sua energia no momento certo

O Jadson cita uma frase muito boa para exemplificar esse ponto. Ele sempre diz: "A hora de comer as tortas é quando as tortas estão sendo servidas." Isto é, tudo tem o seu tempo. Não adianta querer comer as tortas, se elas ainda não estão assadas. Você vai passar mal! **O *timing* para abrir o seu negócio é muito importante.**

Quando o Jadson morava na Inglaterra, em 2010, um pouco antes de entrar no AlfaCon, tinha um projeto de *e-commerce* em que trabalhariam com estoque virtual. Na época, ele começou a implementar o negócio com produtos importados, que seriam vendidos para o Brasil. O negócio não deu certo. Por quê? No Brasil, ainda não existia tecnologia que permitisse fazer esse tipo de transação.

Se formos analisar com base no mercado atual, vemos que o negócio do Jadson tinha a mesma premissa de um *marketplace*, que só começou a disparar no Brasil entre 2016 e 2017.

Ou seja, não adianta querer abrir um negócio com base em determinada tecnologia, se essa tecnologia ainda não está madura. Isso vale para tudo. Observe se o mercado ou segmento em que você quer investir está maduro o suficiente para receber o seu negócio. Invista toda a sua energia apenas quando o jogo estiver valendo.

Desenvolva um coeficiente emocional alto e invista no 4º Grau

Pela minha experiência, para ser um bom empreendedor, é importante que você tenha um coeficiente emocional muito alto. Para isso, você deve trabalhá-lo constantemente e estudar sempre para se tornar uma pessoa melhor, com a mente mais aberta e capaz de ser crítica ao que acontece ao seu redor.

Como expliquei anteriormente, existem seis pontos importantes nos quais você deve investir diariamente para ampliar seu coeficiente emocional e fortalecê-lo. Vamos novamente a eles.

- » Autocontrole.
- » Zelo.
- » Paciência.
- » Automotivação.
- » Disciplina.
- » Escuta empática (saber ouvir).

Como somos os arquitetos da nossa própria vida, precisamos sempre nos planejar para o curto, médio e longo prazos. Para ser uma pessoa mais bem preparada e bem-sucedida, investir em educação é fundamental.

Por isso, sempre estimulo meus alunos a investirem no estudo continuado, o chamado Q*uarto Grau*, conceito desenvolvido pelo executivo estadunidense Jack Welch, que transformou a General Electric (GE). Isso vale também para quem deseja empreender e precisa criar uma base sólida para ser um bom gestor, entender cada vez mais do seu negócio e estar atento às inovações do mercado.

Meu conselho para você, inspirado no meu mentor Welch, é: nunca, jamais, pare de estudar, independentemente do sucesso do seu negócio. Você sempre pode melhorar. Seja um leitor compulsivo e busque conteúdos que acrescentem, principalmente relacionados a negócios, inteligência emocional e biografias de pessoas bem-sucedidas. Não é segredo para ninguém que um dos meus livros preferidos é *Sonho Grande*, biografia de Jorge Paulo Lemann, Marcel Telles e Beto Sicupira, que me inspiram a ser quem eu sou.

Para que seu negócio siga em franca expansão, é importante que você seja uma pessoa capacitada e lidere pelo seu exemplo. Conviver com pessoas experientes e capacitadas no dia a dia é o maior ensinamento que podemos receber e oferecer.

CAPÍTULO 15

Hora de Voar

Agora que você chegou ao final deste livro, tenho certeza de que está muito mais bem preparado para começar a sua nova jornada como empreendedor.

Abrir um negócio é uma dor e uma delícia: serão muitos tombos e fracassos, mas você terá a possibilidade de dormir e acordar com a certeza de que poderá ganhar dinheiro fazendo o que ama. Quem não sonha com isso?

Empreender exige esforço, dedicação, entrega, renúncias e muito estudo continuado. Procure estar perto de pessoas bem-sucedidas, porque, lembre-se, você é o resultado das seis pessoas com quem se relaciona. Se você andar com pessoas incríveis, vai se tornar alguém incrível.

Procure manter seu plano de negócios sempre atualizado e desenvolva um novo plano de negócios para cada projeto que deseja implementar. Com esse planejamento claro e objetivo, você vai conseguir trazer pessoas para o seu lado, dispostas a investir no seu negócio ou ajudar a divulgá-lo.

Antes de tomar uma decisão importante, analise os dados. Tem uma frase muito boa do estatístico estadunidense William Edwards Deming, que o Jadson gosta muito e ensina em nossas mentorias: "Em Deus nós confiamos; todos os outros devem trazer dados." Faça experimentos e analise os dados para, em seguida, traçar o caminho correto. A chance de errar será muito menor.

Outro ponto importante do qual você nunca deve esquecer: o seu nome é a coisa mais importante que você tem. Seja honesto, tenha caráter, pague suas dívidas e não busque o caminho mais fácil para realizar seus objetivos. Algumas pessoas acham que, se forem espertinhas, ninguém vai descobrir, mas isso sempre dá errado. Sempre.

Por fim, divirta-se! Ser dono do próprio negócio é também ter a possibilidade de fazer o que se ama, transformar a vida de pessoas, criar um impacto positivo no mundo e deixar um legado. Escolha qual é o seu propósito e siga em frente sem olhar para trás!

Biblioteca AlfaCon

Compartilho com você livros que fazem parte da nossa formação pessoal e profissional no AlfaCon. São livros que nos transformaram e estão sempre na nossa mesa de cabeceira.

» *De Zero a Um*, de Peter Thiel (Editora Objetiva).
» *Empresas feitas para Vencer*, de Jim Collins (Editora Alta Books).
» *Inteligência Emocional*, de Daniel Goleman (Editora Objetiva).
» *O Gestor Eficaz* (edição revista, atualizada e ampliada), de Peter Drucker (Editora LTC).
» *O Poder do Hábito*, de Charles Duhigg (Editora Objetiva).
» *Paixão por Vencer*, de Jack Welch (Editora HarperCollins).
» *Scaling Up (Escalando seu Negócio)*, de Verne Harnish (Editora AlfaCon).
» *Sonho Grande*, de Cristiane Correia. Biografia de Jorge Paulo Lemann, Marcel Telles e Beto Sicupira (Editora Sextante).

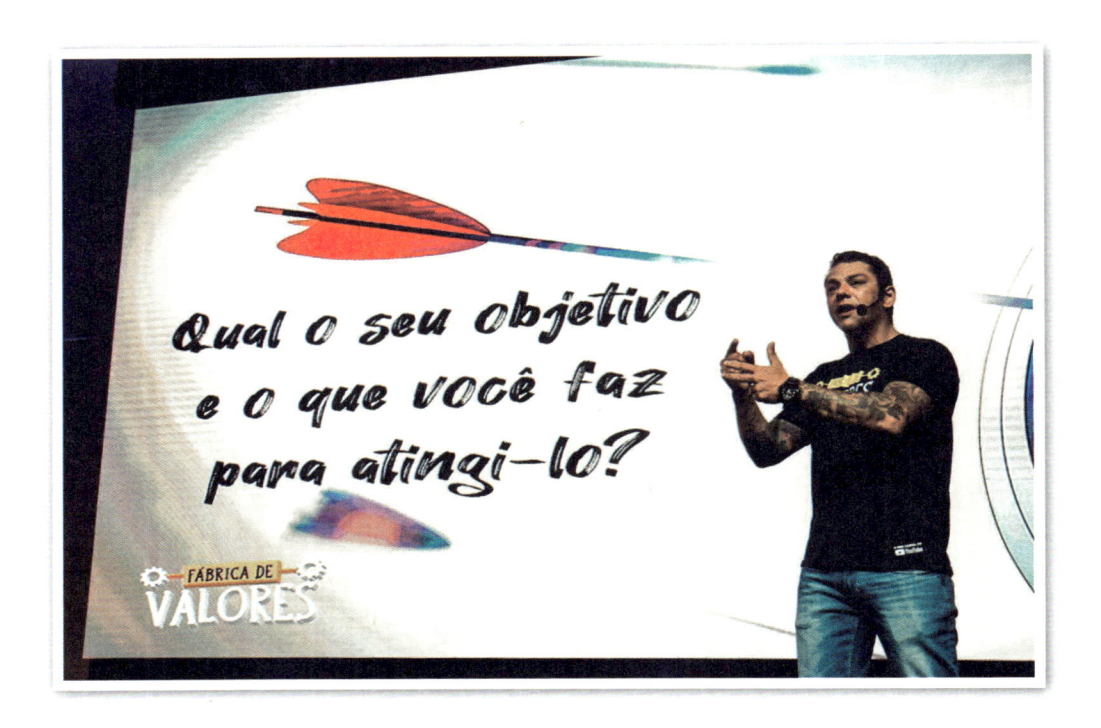